KB074276

나다움을 찾는

100가지 질문과 일기

우경하 지음

나연구소 메시지 3

1. 당신이 가장 소중합니다.
2. 책은 보는 것이 아니라 쓰는 것입니다.
3. 1인 기업이 가장 거대한 기업이다.

진짜 나

더 나은 나

최고의 내가 될

당신에게 이 책을 전합니다

나다움을 찾는 100가지 질문과 일기

초판 1쇄 발행   2024년 06월 20일

지은이_ 우경하
펴낸이_ 김동명
펴낸곳_ 도서출판 창조와 지식
디자인_ 우경하 & (주)북모아
인쇄처_ (주)북모아

출판등록번호_ 제2018-000027호
주소_ 서울특별시 강북구 덕릉로 144
전화_ 1644-1814
팩스_ 02-2275-8577

ISBN   979-11-6003-746-3(03190)

정가 15,000원

보고 듣고 배운 대로
착하게 열심히 살았지만
내 삶은 내가 원하는 모습이 아니고
행복하지 않아 혼란과 방황이 왔다.

그 원인은 내가 나를 모르기 때문이었다.
나를 알아야 했다.
나를 찾기 위한 글쓰기를 2017년부터 시작했다.

그 출발점은 결핍이었다.
이 책은 7년 전, 직장인 시절
더 나은 나, 진짜 내가 되고 싶은
간절한 마음으로
질문하고 나를 관찰한
기록이자 일기다.

이젠 당신이 진짜 내가 될 차례다.

▌ 프롤로그 ▌

진짜 나를 찾아온 시간과 기록들

❤

책 목차 중에 "3년 내에 이루고 싶은 목표"라는 내용이 있다. 내가 쓴 목표는 '사업가, 작가, 강사, 1인 기업가, 유튜버'라고 되었었다. 몸에서 묘한 흥분이 올라왔다. 모두 다 이루었고 지금 내 현실이 되었기 때문이다.

내 삶에 대한 기록이자 일기다. 책을 보시는 분은 그냥 보는 것이 좋지만 이 책에 나오는 다양한 질문에 각자의 생각들을 글로 써보고 (가급적 블로그에) 삶에 대한 기록을 글로 남겨보길 강력히 추천한다. 글들이 운이 되어 인생을 변화시켜 줄 것이다.

이 책은 변화를 꿈꾸고 진짜 나로 행복하게 살고 싶은 분들에게 추천하는 책이다. 2019년 40살의 나는 다양한 감정을 품고 있었다. 그중 가장 큰 감정은 두려움, 설렘, 기대다.

15년가량의 직장 생활로 지쳐있는 상황이었지만 무자본 창업, 1인 기업이라는 신세계를 만나 새로운 꿈을 꾸었다. 다른 한 편으로는 나를 알아가는 너무도 놀랍고 재미있는 순간들이었다.

퇴사를 결심하던 시점 기존에 내 인생에 없던 신비로운 사람들을 만나 많은 것을 배웠고 내 의식은 놀랍도록 넓어지고 깊어지기 시작했다. 그중에 가장 큰 깨달음은 '나'에 대한 가치다.

내 마음의 소리를 듣는 법, 나와 친해지는 법, 나를 아는 법, 내가 진정으로 원하는 것을 찾는 법 등을 알게 되었다. 간절한 마음에 꾸준히 나에게 집중하기 시작했다. 덕분에 진짜 나를 만나는 놀라운 변화를 경험했다.

나라는 사람과 내가 원하는 것들이 보이기 시작하면서 삶이 달라지기 시작했다. 나를 알기 위해, 더 나은 내가 되기 위해 질문, 마음 관찰, 글쓰기를 꾸준하게, 매우 꾸준하게 했다. 내 꾸준함의 힘은 변화에 대한 몸부림이자 간절함이었다.

생산자가 되기 위해 블로그를 통해 나와 소통을 시작했고, 만나는 사람들의 영향으로 책을 쓰게 되었다. 이 책은 나에게 새로운 세상을 보여준 버터플라이인베스트먼트에서 만난 쿨라이프게임즈(주) 프로그램인 [100일 게임]에 참여하면서 100가지의 일기를 남긴 책이다.

내가 쓴 책들을 정리해 보다 이 책이 다시 떠 올랐고 과거의 나를 다시 만나보았다. 과거의 나를 만난다는 것은 참 여러 가지 감정이 든다. 안쓰럽고 미안하고 설렌다. 그때의 나를 응원, 격려해 주고 싶다.

나는 안다. 그때의 내가 지금의 나를 있게 했음을. 나는 모른다. 미래의 나는 어떤 모습일지를. 하지만 나를 만나는 즐거운 여행은 평생을 나와 함께 하는 고마운 친구다.

진짜 나를 찾아온 나의 질문과 생각들 속에 나 나은 내가 되고 싶은 분들, 행복한 내가 되고 싶은 분들, 자유롭고 행복한 1인 지식기업가를 꿈꾸는 분들에게 길잡이가 될 것이라고 생각한다.

2019년의 프롤로그

시간이 빠르단 말이 참 실감이 난다. 어느덧 인생의 절반 정도를 살아왔으니 말이다. 오랜 시간을 여러 가지 환경적인 이유로 나보다 남을 먼저 생각하며 살아왔다.

인생의 벽을 만났을 때 모든 것의 문제는 나를 모른다는 것이고 모든 것의 답은 나를 아는 것이라는 것을 알았다. 나를 알고 싶고 나의 인생을 찾고 싶어서 나의 마음을 들여다보기 시작했고 글을 쓰기 시작했다. 조금씩 내 안의 내가 보이기 시작했다. 내가 보이자 어떻게 인생을 살아야 하는지 감이 오기 시작했다. 하지만 나와 인생이란 너무 깊고 넓어서 알수록 어렵다. 어려운 길이기에 지치지 않고 한 걸음 한 걸음 나만의 속도와 방향으로 나아가고 싶다.

2024년 6월 햇살 좋은 날 in 나연구소

▮ 목 차 ▮

진짜 내가 되기 위해
용기를 낸
나 자신과 여러분을
가슴 깊이 응원하고 사랑합니다

자기 자신을 사랑하는 사람이
가장 지혜로운 사람입니다.

1장

나를 설레게 하는 것들

오늘 기분 어때요?

♥

오늘의 기분은 괜찮다. 아니 좋다고 해야 맞는 것 같다. 한동안 우울감에 빠져있었다. 오래 다닌 회사1)에서 여러 가지 복잡한 일들로 심적으로 많이 지쳐있었다. 매출에 대한 걱정이 컸고 회사의 기대에 나 스스로 많이 못 미친다는 생각에 스트레스를 받고 있고 몸도 마음도 힘이 들었다.

시간이 흐르면서 생각을 조금씩 바꾸어 보기 시작했다. 나에 대한 생각을 바꾸어 보는 것이다. 이왕이면 좋은 쪽으로 생각하고 긍정적인 부분을 보고, 내가 가진 것을 생각해 본다. 그리고 지금의 상황에서 내가 할 수 있는 일을 찾고 실행해 보자.

그러면서 나를 바라보는 관점을 조금 바꾸어 보려고 노력한다. '잘하고 있다, 나는 괜찮은 사람이다'라고 나 자신을 위로하고 칭찬한다. 모든 것은 잘될 것이고 잘 되고 있다고 믿기로 했다. 블로그에 매일 나를 관찰하는 글을 쓰고 있으며 이웃이 꾸준히 늘고 있다.

---

1) 1인 기업을 하기 전 LED조명 제조 회사에서 12년 근무했다.

오늘부터 쿰라이프게임즈의 100일 게임을 시작했다. 100일 후면 100권의 공동 자서전이 나오고 1권의 나만의 첫 종이책이 나온다. 마음이 설렌다.

지난주에 얼마 전부터 다닌 교회 성가대에 참가했다. 하루 나가서 같이 찬송가를 따라 불렀다. 노래를 따라 부르는 데 힘이 들었지만, 재미가 있었다. 왠지 무언가 끌림이 있었다. 그런 분위기, 그런 자리가 처음이었지만 왠지 하고 싶다는 마음이 들었다. 노래를 잘하고 싶었고 호흡도 좋아질 것이란 막연한 기대가 있다.

꼭 무엇을 하고 좋은 일이 있어야 기분이 좋지 않으면 좋겠다. 그냥 이유 없이도 행복하고 싶다. 나는 나니까, 나는 살아 숨쉬고 있으니까. 나라는 존재는 기쁨이고 행복이고 감사고 사랑이다. 나는 영원한 생명이다.

인생의 마법은 나에 대한 생각을 바꾸면 많은 것이 달라진다는 것이다. 오랜 시간 나를 바라보고 내 내면을 들여다보면서 나를 이해하고 알아가고 있다. 나에게 가장 소중한 존재는 바로 나 자신이며 나는 나의 영원한 친구다.

나의 하루 일과

♥

나의 일과를 생각해 본다. 아직 나는 회사원이다. 직장인의 일과는 대부분 비슷할 것이다. 직장이 먼지 가까운지에 따라 차이가 있고 새벽에 자기의 미래를 위해 운동, 독서. 글쓰기 책 쓰기 등을 하는 사람들은 좀 다를 수도 있을 것이다.

보통 7시 좀 넘어서 일어나서 씻고 화장실을 다녀온 후 7시 40분 정도에 집을 나와 8시 정도에 출근한다. 지금의 회사를 10년 넘게 다닐 수 있던 많은 이유 중의 하나는 거리가 가까워서다. 간혹 출퇴근 시간이 왕복 3시간 4시간이 걸린다는 사람들을 보면 많이 힘들 거라는 생각이 든다. 회사 일도 여러모로 힘이 드는데 출퇴근의 피로까지 더해지니 말이다. 나는 참 복 받았다는 생각이 든다.

출근해서는 경우에 따라 다르기는 하지만 오전엔 업무를 정리한다. 회사 그룹웨어 회람 등을 확인하고 거래처 발주건 등을 확인한다. 회사에서 오래 있다 보니 이것저것 맡은 업무가 많고 정리하고 신경 써야 할 것이 많이 늘었다. 그러고는 외근을 나가서 거래처나 현장을 다니며 사람들을 만난다.

대부분 기존 거래처 사람들을 많이 만나고 간혹 새로운 사람들을 만나기도 한다. 만나서 회사 제품을 제안하거나 유대관계를 형성하고 정보 등을 주고받는다. 그리고 간혹 있는 거래처와의 식사 자리를 제외하고는 대부분 사무실로 복귀해서 그날의 업무를 정리하고 7시~8시 사이에 퇴근한다. 야근도 많이 한다.

워라밸을 강조하는 세상이지만 하루 12시간 정도는 근무한다. 일하는 시간이 좀 더 적어졌으면 좋겠지만 여러 이유로 아직 현실은 그렇지 못해서 안타깝다. 집에 와서 가족들과 식사를 한 후 청소, 빨래 등의 집안일을 하고 아이들 공부나 숙제 등을 봐주고 아이들을 재우면 10시 정도가 된다.

그때부터는 나만의 소중한 시간이다. 예전에는 그냥 TV를 보며 시간을 보냈지만, 어느 순간부터 TV는 거의 안 보고 책을 보거나 글을 쓴다. 생산자와 메신저가 되기를 꿈꾸고 지금보다 더 나은 내일을 위해 그리고 나를 위해서 무언가를 하는 시간이 즐겁다. 그리고 보통 12시 정도 잠이 든다.

평일은 대부분 그렇게 시간을 보내고 토요일은 특별한 행사나 어디 놀러 가지 않으면 주로 밀린 집안일을 하고 마트나 시장에 가서 장을 본다. 그리고 일요일은 교회에 간다. 교회 다닌 지는 얼마 되지는 않았지만, 좋은 것 같다.

나의 일과가 어떤지는 모르겠다. 무언가를 개선해야 하고 무엇을 더 하거나 무엇을 줄여야 할지 생각해 본다. 대부분 비슷한

패턴이다. 잘 찾아보면 분명 불필요한 시간과 행동이 있을 것이다. 시간을 좀 더 효율적으로 쓰고 싶고 일을 할 때는 집중해서 하고 쉴 때는 제대로 쉬고 싶다.

인생은 일상의 연속이다. 무언가 특별한 일에 행복과 기쁨을 느끼는 것이 아니라 일상에서 재미를 느끼는 사람이 되고 싶다. 일상이 조금 더 풍부해지고 자유로워지는 생활을 꿈꾼다.

일하는 시간을 줄이고 여유시간 만들어서 나의 성장과 발전에 시간을 쓰고 아름다운 삶을 즐기고 누리는 것에 쓰고 싶다는 생각을 많이 한다. 지금의 틀에서 벗어나 새로운 나만의 인생을 살고 싶다. 꾸준히 내가 원하는 것을 생각하고 또 생각해서 내가 원하는 인생으로 한 걸음 한 걸음 나아가고 싶다.

오늘도 수고한 나에게 감사와 사랑을 보낸다. 수고했어! 경하야. 감사해 사랑해. 네가 최고야 난 네가 좋아!

하루 중에 가장 소중한 시간

♥

나의 하루에 대해 생각해 본다. 하루 중에 내가 가장 소중하게 생각하는 시간과 나는 그 시간에 무엇을 할까? 어려서부터 나는 내성적인 사람이었다. 어느 순간부터 사람들과 긴 시간을 함께 있으면 부담과 불편함을 느끼고 있는 나를 본다. 사람들과 오래도록 지치지 않고, 끊임없이 대화를 나누는 사람들을 보면 그 에너지와 열정이 대체 어디에서 나오는지 신기하고 부럽다.

직장에서 동료들과 고객들과 시간을 보내고 집에 와서 가족들과 시간을 보내고 아이들이 잠이 들고 나면 고요한 나만의 시간이 온다. 예전의 나는 이 시간을 그저 쉬면서 무의미하게 흘려보냈지만, 지금의 나는 그때와는 다르게 생산적이고 미래지향적인 일을 한다.

책을 보고 글을 쓴다. 책을 보며 마음의 위안을 찾고 정보와 지식을 얻고 내가 경험하지 못한 새로운 세상을 경험한다. 내 것으로 흡수하여 더 나은 내가 되기를 기대한다. 그리고 글을 쓴다. 글을 쓰며 나를 만나고 나의 내면을 들여다본다.

내 생각과 마음 그리고 감정들을 관찰한다. 글을 쓰기 위해서는 온전히 집중해야 하기에 글을 쓰는 순간엔 나를 만난다. 우리는 오랜 시간을 학교와 사회 그리고 가정으로부터 무언가를 주입받으며 살아왔다.

그래서 항상 답답했나 보다. 계속 무언가 들어오기만 하고 나오지 않으니 답답할 수밖에. 글로써 내 생각과 감정을 토해내고 나니 몸과 마음이 가벼워지는 경험을 했다. 그것을 마음의 치유라고도 하고 감정의 해소라고도 한다. 하루를 마감하는 시간에 나를 만나고 내 생각과 마음을 들여다보는 지금 이 시간이 나에게는 너무도 소중하고 좋다. 피곤해서 집중할 수 없을 땐 안타깝기도 하다.

내 삶의 방향을 정했지만, 때론 너무 나의 걸음이 느리다는 생각이 들고 앞이 보이지 않아 막막하고 두렵기도 하다. 하지만 나는 믿는다. 한 걸음씩 가다 보면 언젠가는 내가 원하는 그곳에 가 있으리라는 것을. 그것이 자연의 이치고 진리이고 순리임을 믿는다. 하루를 정리하는 지금 이 시간이 너무도 소중하고 좋고, 감사하다.

내가 이룬 성취 중에서
가장 기억에 남는 것은

♥

오늘은 내가 이루어낸 성취에 관한 이야기다. 내가 이루어낸 성취는 무엇이 있을까? 지금까지 인생을 살아오면서 내가 이루어낸 것은 무엇일까?

여러 가지가 생각이 난다. 지금의 직장을 10년 넘게 계속 다니고 있는 것, 17년 5월부터 쓰기 시작한 블로그[2]에 매일 글을 쓰며 3,881개의 글이 쌓이고 3,822명의 이웃이 생긴 것. 수많은 책을 읽어 온 것.

내 이름으로 된 전자책을 낸 것. 블로그 이웃들을 비롯해 여러 모임과 강의 등을 다니며 새로운 사람들을 많이 알게 되고 만나면서 배움과 지혜를 얻고 세상을 보는 눈을 넓힌 것 등이다.

그러한 것 중에 가장 기억에 남는 것이 무엇일까를 생각해 본다. 나의 옆에서 웃으며 이야기를 나누고 있는 두 딸과 아내가 눈에 들어온다. 어쩌면 내가 인생을 살면서 이룩한 가장 큰 성취

---

2) 이후 꾸준한 블로그 글쓰기로 지금은 1만 개가 넘었다.

는 가정이라는 생각이 들었다. 사랑하는 아내와 두 딸.

생각해 보면 나는 참 운이 좋고 복이 많은 사람이라는 생각이 든다. 요즘은 이혼도 흔하고 부부끼리 마음과 생각, 가치관 등이 맞지 않아서 갈등하고 힘들어하는 경우도 많이 본다. 하지만 나는 아내가 너무도 감사하다.

아내는 어릴 때부터 막연하게 내가 생각했던 이상형과 매우 일치한다. 그런 사람을 만나서 신기했다. 성격, 외모, 분위기 등. 인생의 가장 큰 산은 배우자를 잘 만나는 것일 것이다. 그런 면에서 나는 매우 운이 좋고 복이 많다고 생각한다.

아이들은 딸이 둘이다. 둘 다 너무 착하고 예쁜 아이들이다. 원만한 가정과 사랑하고 든든한 가족들이 있기에 나는 마음 편히 나와 나의 일에 집중할 수가 있다. 이보다 더 큰 성취가 또 어디에 있을까 싶다. 때론 삶이 힘들고 지치고 불안하기도 하지만 내가 가진 것에 감사하고 이루어낸 성취에 만족하며 살고 싶다. '어쩌다 어른'이라는 TV프로를 보며 제목이 매우 마음에 와닿았다.

정말 나는 어쩌다 보니 어른이 되어 있었고 마흔 살이 되어 있었고 한집안의 가장, 한 여자의 남편, 두 아이의 아빠. 한 회사의 중간 관리자가 되어 있었다. 정말 어쩌다 보니 그렇게 되었다. 때론 어쩌다가 된 것들로 인해 삶이 무겁기도 하지만 이것 또한 나의 삶이고 축복이라고 생각한다. 나를 사랑하여 나의 삶을 사랑하며 나의 모든 것을 사랑하며 살고 싶다.

나를 설레게 하는 것들

♥

오늘의 주제는 나를 설레게 하는 것들이다. 많은 것이 떠오른다. 제일 먼저 생각나는 것은 '나'다. 나를 알아가는 지금 순간과 새롭게 만나는 내가 설렌다. 오랜 시간 나를 모르고 외면하고 살아 왔고 세상에서 가장 소중한 나의 존재와 의미를 몰랐다.

나를 관찰하고 내 마음을 들여다보기 시작하면서 내 안의 내가 보였다. 내 안의 나는 내가 몰라주고 알아주지 않고 바라봐 주지 않아서 힘들어하고 있었고 두려움에 떨고 있었다. 그런 내 안의 내가 보이자, 가슴이 벅차오르고 눈물이 났다.

그동안 나를 힘들에 한 존재가 바로 나임을 알았다. 너무도 미안했다. 용서를 구하고 감사한다고 사랑한다고 해주었다. 힘들게 한 시간만큼 남은 시간 나를 아끼고 지키고 사랑하겠다고 약속했다. 내게 나는 설렘이다.

다음은 사랑하는 내 가족들이다. 너무도 소중한 아내와 아이들이다. 생각만 해도 가슴이 뜨거워지는 나의 사랑들이다. 그리고 생각나는 것은 사람이다. 세상엔 정말 수많은 사람이 있다.

위대하고 매력적이고 대단한 사람들이 너무도 많다. 지혜롭고 현명하고 배울 점이 많은 사람이 참 많다. 모든 것의 시작도 끝도 사람이다. 나에게 깨달음을 주고 나는 이끌어 주는 것도 모두 사람이다. 멋있는 사람은 나를 설레게 한다.

그리고 책과 글과 멋진 말들이다. 세상에는 나에게 가르침을 주고 지혜를 주는 수많은 좋은 책들, 나를 위로하고 치유해 주고 새로운 세상을 보여주는 너무도 좋고 멋있는 글과 말들이 많다. 우리가 하는 말과 쓰는 글에는 신비한 마법과도 같은 에너지와 힘이 있다. 좋은 책과 글과 말들은 나를 설레게 한다.

다음은 위대한 자연이다. 자연의 법칙이 세상의 법칙이고 진리다. 우리는 자연으로부터 위대함과 아름다움과 겸손함을 배운다. 낮과 밤, 하늘과 땅, 빛과 그림자, 산과 바다, 살아있는 모든 생명에서 우리는 듣고 보고 배운다. 무위자연이라고 했다. 말 없는 자연은 나에게 깊은 울림과 가르침을 주고 나를 설레게 한다.

맛있는 음식, 멋진 옷들, 좋은 집, 좋은 차, 멋진 건물들 또한 나의 마음을 설레게 한다, 인간의 생각은 참으로 위대하다. 그리고 우리의 마음속에 있는 가치들이다. 감사 평화 행복 사랑 자유 풍요 여유 이러한 말들은 생각만으로도 설렌다.

그리고 위대한 삶과 죽음이다. 인생이라는 것은 때론 무겁고 때론 가볍고, 때론 즐겁고 힘들고, 때론 밝고 어둡다. 음과 양이 있다. 뿌린 대로 거둔다. 사람은 모른다. 한 치 앞을. 5분 뒤에 무슨 일이 일어날지 알 수가 없다. 인생은 신비롭기 그지없다. 마음먹은 대로 되기도 하고 되지 않기도 한다.

어떤 책에서 말했다. '내가 애써 얻으려는 것보다 삶이 내게 주려는 것이 더 크다'라고. 또 [좋은지 나쁜지 누가 아는가]라는 책 제목을 보며 참 맞는 말이라는 생각이 든다. 나는 모른다. 지금 나에게 일어나는 일들이 좋은지 나쁜지. 그러니 일희일비할 필요가 없고 너무 심각해질 필요도 없다.

죽음은 생각만으로 두려웠다. 하지만 [죽기 전에 더 늦기 전에]라는 책을 보고 죽음에 대한 생각이 많이 바뀌었다. 죽음을 인정하고 받아들여야 한다. 삶이 있으면 죽음은 당연히 있다. 확실한 것은 언젠가는 죽는다는 것이고 불확실한 것은 언제 죽을지 모른다는 것이다. 삶도 죽음도 살아있는 존재하는 모든 것, 눈앞에 있는 모든 것은 설렘이다.

내 에너지의 원천은

♥

　오늘의 주제는 에너지에 관한 이야기이다. 내 에너지는 어디서 나오는 것일까? 내 에너지는 나의 몸과 마음, 그리고 내 생각과 나의 심장 그리고 나의 영혼에서 나온다. 이 에너지의 뿌리는 사랑이라는 것일 이제는 알 것 같다. 나 자신에 대한 사랑과 인생에 대한 사랑, 세상과 사람들 그리고 자연을 포함한 눈에 보이는 나를 위해 존재하는 모든 것에 대한 사랑이다.

　에너지는 기운이라는 말과 같다. 사람의 분위기라고도 할 수 있을 것 같다. 나는 에너지가 좋은 사람이 되고 싶다. 내가 생각하는 에너지가 좋은 사람이란 눈에 보이지 않는 생각, 마음, 신념 그리고 눈에 보이는 표정, 말투, 행동, 사람을 대하는 태도와 사람의 말을 듣는 자세 등이 긍정적이고 밝고 때론 강하고 이 모든 것을 아울러 매력적인 사람이다.

　에너지가 좋은 사람이 되기 위해서는 꾸준히 나 자신을 돌아보고 내면을 가꾸어야 한다는 생각이 든다. 남을 보며 판단하고 평가하기보다 나 자신을 보면서 장단점을 찾아보고 바꾸거나 유지해야 할 점들 꾸준하게 찾아야 해야 한다. 더 나은 나, 최고의 내가 되기 위해 마음을 써야 한다. 나에 대한 생각, 일에 대한 생각, 사람에 대한 생각이 바뀌면서 매력적이고 멋있는 사람들을 많이 만났다. 엄청난 내공과 에너지를 지닌 사람들을 만나면서 나 자신이 초라하고 작게 느껴지기도 했다. 그 사람들이 멋있지만 두렵고 어렵게도 느껴졌다.

내가 배우고 싶고, 되고 싶어 하는 모습의 사람들이지만 지금은 나와 다르기에 거리감이 느껴졌나 보다. 그 사람들은 나에게는 충격이었고 나에게 이정표 같은 사람들이었다. 지금 내 위치를 알게 해주고 앞으로 나아가야 할 길은 보여주는 사람들이다. 그리고 물건들, 예전에는 뭐 하나를 사더라도 싼 것만 찾았다. 그러다 보니 만족도가 떨어지고 물건에 대한 애착도 덜하고 금방 상태가 나빠져서 다시 새것을 사곤 했다. 하지만 이제는 좀 비싸더라도 좋은 것 제대로 된 것을 사려고 한다.

사용하는 동안 만족과 편리는 느끼고 많은 물건을 소유하기보다 적은 물건을 소유하되 에너지는 올려줄 좋은 물건들을 소유하려고 한다. 에너지가 좋은 사람이 되어 좋은 에너지들을 끌어들이고 싶다. 돈도 사람도 다 에너지다. 그리고 세상 사람들과 그 에너지를 나누어 아름다운 세상을 만들고 좋은 영향을 끼치는 내가 되리라.

나에게 쓰는 감사와 칭찬 편지

♥

오늘은 나에게 감사와 칭찬의 편지를 써보자. 내게 감사와 칭찬할 부분을 찾아본다. 우선 그저 나라는 존재만으로도 나를 칭찬받고 사랑받을 자격이 있는 사람이다. 나는 사랑받기 위해 태어난 사람이고 사랑하기 위해 태어난 사람이기 때문이다.

요즘 나는 나를 위해서 살아가고 있다. 나를 위해서 사는 것이 가장 위대한 일이고 남을 위하는 일이라는 것을 알았다. 나를 위해서 살아야 지치지 않고 힘내서 잘 살 수 있다. 후회와 미련 그리고 원망이 없다. 내가 행복하고 즐거워야 그 기운과 에너지가 주위에도 전해져서 하는 일도 더 잘되는 법이다.

나를 알아가기 위해서 매일 글을 쓰다 보니 세상에서 나 자신이 가장 소중하다는 것을 알게 되었고. 나를 연구하는 '나연구소'라는 이름이 내 안에서 떠올랐다. 다양한 프로젝트에 참여하면서 얻은 경험으로 [나연구 프로젝트3)]라는 것을 만들어 나를 찾고자 하는 사람들에게 도움을 주고 있다. 정말 나를 위해서 했던 일들

---

3) 내가 만든 질문으로 블로그에 글을 쓰며 나를 알아가는 온라인 프로그램 9기까지 진행하면서 많은 사람이 글쓰기를 통해 나를 알아갔다.

이 남을 위하는 일이 된 값지고 귀한 경험을 한 것이다.

나는 운이 좋고 복 받은 사람이다. 인생의 문제와 행복하지 않은 이유는 나를 모르기 때문임을 알았고 나를 알아가는 최고의 방법은 질문과 글쓰기임을 알게 되었다. 그리고 매일 글을 쓰는 일이 운을 쌓는 일임을 알게 되었다.

거의 2년 가까이 매일 글을 써오고 있다. 이젠 글을 쓰는 일이 습관처럼 되어 당연하고 자연스러운 일이다. 분명 예전과는 다른 인생을 사는 것은 맞지만 어떻게 보면 아직 나는 그대로이다. 하지만 달도 차면 기울듯이 점점 달이 차고 있다는 생각이 든다.

운이 계속 쌓이고 있으니까. 조급해하지 않고 나와 삶을 믿고 하루하루 살아갈 것이다. 아직 불완전하고 두렵고 서툴고 때론 약하고 흔들리고, 아직도 나를 온전히 사랑하지 못하고 힘들에 하지만 이런 나의 모습도 나이다. 이런 나도 깊이 이해하고 받아들이고 사랑할 것이다.

나는 나를 사랑하고 나를 칭찬한다. 잘하고 있다. 잘 가고 있다. 후회 없는 인생을 잘 살아가고 있다. 나를 위해.

내 처음 기억은

♥

오늘은 첫 기억에 대한 글이다. 요즘 예전처럼 기억력이 좋지 못하다는 느낌이 든다. 우리 인생의 모든 문제는 과거의 나쁜 기억으로부터 생긴다고 한다.4) 그렇다고 하면 기억력이 너무 좋은 것이 꼭 좋은 것 같지만은 않다. 망각도 기술이라는 말이 있듯이 잊어버릴 것은 잊어버려야 지금에 집중할 수 있고 과거가 아닌 미래로 나아갈 수 있으니 말이다.

어쨌든 오늘은 나의 첫 기억을 떠올려 온다. 엄마 배 속에서 태어나서 "응애"하고 울음으로 첫인사를 했겠지. 그러곤 따스하고 맛있는 엄마의 젖을 먹었겠지. 그 시절까지는 잘 기억이 나지 않는다. 글을 쓰다 보니 유아원 때의 기억이 난다. 기억이라기보다는 집에 있는 앨범의 사진에서 본 기억이 난다.

그때 무슨 행사를 했었다. 엄마들과 할머니들이 오셨고 모두 한복을 입고 있었다. 사진에는 서로 가위바위보를 하는 모습이 찍혀있었다. 무슨 게임들을 하고 있었나 보다. 어린 시절 젊은 엄마의 한복 입은 모습은 참 예뻤었다. 사진 속의 어린 내 모습도

---

4) 마음 정화 치유에 많은 도움을 받은 호오포노포노에 나오는 내용이다.

매우 즐거워 보였다. 그 시절 친구들의 얼굴은 지금 봐도 예전 얼굴이 그대로 남아 있다. 어린 시절 우리 집은 시골 읍내에서 농약 장사와 지업사를 같이 하며 농사도 지었다. 어릴 때 부모님을 따라가서 한 농사일은 참으로 힘들고 하기 싫었던 기억이 난다.

가을이 되면 친구들과 큰 망치를 들고 산으로 꿀밤을 주우러 다녔다. 떨어진 꿀밤을 주워서 쌀집에 갖다주면 약간의 돈을 준다. 그 돈으로 떡볶이와 어묵을 맛있게 사 먹었던 기억이 난다. 지금 생각하면 산에 뱀과 벌들 때문에 위험했을 텐데 겁도 없었다. 학교가 마치면 친구들과 매일 어울려 놀았다. 구슬치기, 딱지치기 등 노는 게 매우 재미있었다. 놀다 보면 엄마들이 "누구야 밥 먹어라."하고 부르는 소리가 들려왔다.

좋았던 기억도 있고 엄마 아빠가 싸워서 무섭고 싫었던 기억도 난다. 자주는 아니지만, 가끔 싸울 때는 어린 마음이 많이 아팠다. 나는 커서 결혼하면 절대 아이들 앞에서는 싸우지 말아야지 하고 다짐했지만, 잘 안되는 것 같아 반성한다. 가끔 어린 시절을 생각해 보면 흐뭇한 미소가 지어진다. 명절에 고향에 가면 더욱 그 시절이 생각나고 가끔 그립다.

내 이름에 대하여

♥

오늘은 내 이름에 대하여 글을 써본다. 내 이름은 우경하다. 한자로는 임금 '우' 공경 '경' 물 '하' 자를 쓴다. 어릴 때 철학관에서 이름을 지었다고 들었다. 돌림자는 '하' 자를 쓴다. 그래서 사촌 형의 이름은 '성하'이고 동생의 이름은 '상하'다.

이름에 관한 에피소드는 이름이 예쁘다는 소리와 여자 이름 같다는 이야기를 많이 들었다. 발음을 대충 하면 '경화'로 듣는 사람도 간혹 있어서 이름을 말하고 하늘 할 때 '하'자라고 다시 말해 주기도 한다. 초등학교 때 상장에 이름이 '우경화'로 잘못 적혀 있었던 기억도 난다.

어릴 때는 '우'라는 성으로 우렁이라는 별명이 있었는데 그 별명은 참으로 듣기가 싫었다. 그렇기도 하고 여자 이름 같다는 소리도 그다지 좋지 않아서 남자다운 이름을 가진 친구들이 부럽기도 했다. 그래서 내 이름이 썩 마음에 들거나 자부심이 있거나 그렇지는 않았다.

30대 중반이 되었다. 나를 모르고 살다가 인생의 벽에 부딪혔을 때 나를 알아야 한다는 것을 알고 매일 나를 관찰하는 글을 쓰기 시작했다. 글을 쓰며 나 자신이 내 인생에서 가장 소중함을 알았다. 나 자신의 존재가 소중함을 알게 되자 내 이름도 소중하게 느껴지기 시작했다.

나는 회사에서 영업부에서 일하고 있다. 사람도 많이 만나고 전화 통화도 많이 한다. 예전에는 새로운 사람을 만나거나 전화를 받을 때 내 이름을 또박또박 말하지 않았다. 자부심이 없었기 때문이다. 전화를 받을 때도 그냥 '여보세요'라고 말했다. 어느 순간부터는 또박또박 그리고 당당히 내 이름을 말하기 시작했다.

나의 존재 가치를 깨닫고 자부심이 생기자, 내 이름에도 자신감이 생겼다. 이제는 누구를 만나더라도 내 이름을 당당히 말한다. "안녕하세요! 만나서 반갑습니다. 우경하입니다."라고 말이다. 내가 소중한 만큼 내 이름도 소중하고 귀함을 알았다.

나는 내 이름이 좋다. 내 이름을 생각하면 짠하고 애잔한 마음도 든다. 나 자신을 아끼고 사랑하는 만큼 내 이름도 아끼고 사랑하며 살 것이다.

추억의 맛

어린 시절 추억의 맛을 떠올려 본다. 내 고향은 시골이기도 했고 시절엔 외식 문화가 많이 없었다. 거의 다 집에서 밥을 먹었다. 어린 시절 우리 집은 안동시와 조금 떨어진 읍내에서 농약 장사와 지업사를 같이 했고 농사도 지었다. 자식은 3명이었다. 내가 부모가 되고 아이들을 둘 키우다 보니 일하면서 아이 3명을 키우기가 보통 일이 아니었을 거란 생각이 든다.[5]

3명을 일일이 세끼다 집에서 챙겨 먹이고 씻기고 학교 보내고 정말 힘이 들었을 것이다. 또 장사도 하고 손이 많이 가는 농사도 지었으니 우리 시대 부모님들은 모두 정말 대단하다.

어린 시절 엄마가 해준 것 중에 생각이 나는 음식이 있다. 밀가루를 반죽해서 면포 위에 얇게 얹어서 밥통이나 찜통 위에 찐다. 말랑말랑해지면 그것을 고춧가루와 참기름 같은 것으로 양념해서 반찬으로 내준다. 부드럽고 말랑하고 짭조름하니 참 맛있게 먹었던 기억이 지금도 난다.[6]

---

5) 아버지는 내가 20살 때 위암으로 돌아가셨고 고향 안동에서 엄마가 혼자서 장사하고 농사를 지으며 살고 있다.
6) 엄마는 이 음식을 맨떡이라고 불렀다.

그리운 추억의 맛이다. 명절에 고향에 가면 엄마에게 물어봐야지 하다가도 자꾸 까먹는다. 그 반찬을 초등학교 때까지 먹고 그 이후론 무슨 이유인지 못 먹은 것 같다.

그 시절엔 사 먹는 음식이 귀했다. 바나나, 오렌지 주스 등도 자주 못 먹던 시절이었다. 돈가스와 양념치킨이 최고의 외식과 배달 음식이었다. 집에서 큰 찜통에 찐빵도 엄마가 겨울에 만들어준 기억도 난다. 지금처럼 식당도 많지 않고 먹는 것이 귀한 시절이었다.

동네에 포장마차처럼 해놓고 떡볶이와 어묵과 순대를 파는 곳이 있었다. 그곳에서 가끔 사 먹은 분식은 아주 맛있었다. 내가 포장마차는 고등학교 때까지 있었던 기억이 난다.

추억의 맛을 생각하니 어린 시절이 그리워진다. 철없이 놀기만 했던 시절이었고 부모님의 고생은 몰랐던 시절이었다. 그 시절 함께 놀던 친구 중에 지금은 연락이 자연스럽게 닿지 않는 친구들이 가끔은 보고 싶고 그립다.

2장

내 사랑 내 곁에

내 추억의 사진은

✿

    오늘은 추억이 담긴 사진에 대한 이야기이다. 어떤 사진이 좋을까 하고 안방을 둘러본다. 어릴 때 찍은 사진들은 시골집에 있고 안방에 몇 장의 사진을 걸어두었다. 둘러보니 아내와 연애 시절 찍은 사진과 신혼여행을 가서 찍은 사진이 눈이 들어온다.

    인생에서 배우자를 잘 만나면 절반은 성공한 인생이라고 한다. 그런 면에서 나는 이미 성공한 인생이다. 어려서부터 막연하게 생각하던 여자의 모습이 있었다. 내 여자는 이랬으면 좋겠다고 생각한 흔히 말하는 이상형이다.

    인상과 성격이 좋고 잘 웃고 웃는 모습이 예쁜 여자, 사교성이 좋고 사람들과 잘 어울리는 여자, 나의 친구들과 잘 어울리는 여자, 나의 부모에게 잘하는 여자, 허영심이 없고 사치하지 않는 여자, 때론 내가 믿고 의지할 수 있는 여자, 아이들을 잘 키우고 잘 돌보는 여자. 음식을 잘하는 여자 등.

    막연하지만 이런 여자를 만나고 싶다고 생각했었다. 그리고 그런 여자를 만났다. 내 고향은 경상북도 안동이다. 어려서부터 크면 서울로 가서 출세하고 싶었다. 군대를 제대하고 서울로 올라와서 고시원에서 지내면서 동대문에서 아르바이트를 했다.

일을 마치고 고시원으로 돌아오던 중 우연히 교차로 신문을 보고 직업전문학교를 보게 되었고 지원해서 다니게 되었다. 아내는 직업전문학교의 행정 직원이었다. 잘 웃고 성격이 털털해서 많은 남자 학생들이 좋아했었다.

나도 호감이 있었고, 학교를 졸업할 때쯤 아내에게 데이트를 신청했다. 첫 데이트는 명동에서 만나서 그 당시 유행하던 DVD방에서 영화를 보고 남산에 올라갔다. 걸어가면서 많은 대화를 나누었고 말이 잘 통했다. 어느새 어두워진 남산에서 야경을 보았다. 서울의 야경은 너무도 아름다웠다. 주변 분위기가 너무 좋아 서로를 취하게 했다. 산을 내려 걸어오면서 우리는 한층 더 친해져 있었다. 이후 연인 사이가 되었다. 느낌이 좋았다.

그때부터 연애를 시작했고 2년 정도 사귄 후 결혼했다. 28살에 결혼했으니 벌써 12년이나 되었다. 지금도 아내와 첫 데이트를 하던 시절에 생각이 난다. 지금도 시절을 생각하면 마음이 설렌다.

나만의 특별한 기념일은

✿

오늘은 나만의 특별한 기념일에 대한 글이다. 특별한 기념일이 언제일지 생각해 보다 블로그를 처음 시작한 날을 기념해야겠다는 생각이 들었다. 블로그를 처음 시작한 날이란 글을 쓰기 시작한 날이고 시선을 안으로 돌려서 나를 만나기 시작한 날이고 내 안의 것을 밖으로 배출하기 시작한 날이고 나를 표현하기 시작한 날이다.

쓰고 보니 나에게 매우 의미 있는 날이라는 생각이 든다. 오랜 시간 나를 모르고 살았다. 나를 알아야 한다는 것을 몰랐고 나를 안다는 것의 개념을 몰랐다. 아니 나라는 존재에 대한 자각이 없었다.

인생의 위기가 왔을 때, 열심히 산다고 생각했는데 행복하지 않다는 것을 알았고 벽에 부딪힌 기분이 들었고 이대로는 계속 살 자신이 없다고 느껴졌었다. 38살 때의 일이었다. 달라지고 싶었고 변하고 싶어서 발버둥을 쳤다.

그러다 귀인을 만났고, 덕분에 진짜 나를 만났다. 내 마음의 소리를 들어야 한다는 것을 알았고 나에게 집중해야 한다는 것을 알았다. 내 생각과 마음 그리고 감정을 들여다보고 관찰해야 한다는 것을 알았다.사람들은 모른다고 했다. 자기가 누구인지 무엇을 원하는지 무엇을 좋아하고 무엇을 싫어하는지. 매일 자기 자신을 관찰하는 글을 써보라고 했다. 매일 글을 쓰는 일은 운을 쌓는 일이라고 했다. 운이 쌓이면 삶이 변하고 사람이 모이고 돈이 모인다고 했다.

그 말을 염두에 두기 시작했다. 끈기가 별로 없는 내가 그때부터 지금까지 매일 글을 쓰고 있다. 글을 쓰는 일은 운이 쌓인다는 말은 진실이었다. 내 안의 나를 만났고 세상에서 나 자신이 가장 소중함을 알았다. 내 안의 것을 밖으로 꺼내고 표현하면서 항상 답답했던 가슴의 응어리가 풀어지는 기분이 들었고 감정의 해소를 경험했다.

수많은 이웃이 생겼고 블로그를 통해 새로운 많은 사람을 만나서 좋은 영향을 주고받고 새로운 세상에 눈을 뜨기 시작했다. 매일 글을 쓰기 시작하면서 조금씩 인생이 바뀌고 있음을 느끼고 있다. 생각이 바뀌고 행동이 바뀌고 만나는 사람이 바뀌고 있는 것이다. 글을 쓰기 시작한 5.21일은 매우 특별한 날이다.

내 첫 사랑의 감정은

✿

오늘은 첫사랑에 대한 이야기이다. 첫사랑은 말만 들어도 마음이 설렌다. 중학교 때 소소하게 예쁜 여학생들을 보며 마음이 설렜던 기억이 있고 대학 때 여자 친구를 사귀며 마음이 설렜던 기억이 난다.

그때의 감정들이 지금도 새록새록 떠오른다. 그렇게 저렇게 시간이 흐르고 군대를 갔다 온 후 서울로 상경을 했다. 서울로 와서 직업전문학교를 다니며 지금의 아내를 만났다. 아내는 웃는 모습이 참 좋았고 모든 학생과 편하게 잘 지내는 사교성이 참 좋은 여자였다.

호감이 갔다. 직업전문학교를 마친 후 아내에게 연락했고 몇 번의 만남을 가졌고 아내와 연애를 하게 되었다. 2년 정도 아내와 사귀고 결혼했는데 아내와 사귀던 그 시간이 내 인생에서 가장 행복한 시간이었다는 생각이 든다. 하루하루가 설렘의 연속이었다.

아내는 내 이상형에 매우 일치하는 여자였다. 얼굴이 너무 예뻤기에 같이 다니면 사람들이 다들 예쁘다고 부러워하고 칭찬을 해주어서 기분이 너무 좋았다.

지금은 세월도 흐르고 애들을 둘 놓고 나이도 들어서 예전 같지는 않지만 지금도 아내와 같이 있으면 예전 생각이 나고 마음이 설렐 때가 종종 있다. 아내는 여성처럼 부드러운 면과 때론 남자처럼 강한 모습을 보일 때가 있다. 그래도 아이들은 혼내는 것도 아내의 몫이다.

때론 힘이 들 땐 아내에게 기대기도 한다. 든든한 마음이 들 때가 많다. 예전에 심적으로 힘이 들 때 아내 앞에서 운 적이 있는데 나의 마음을 잘 다독여 줄 정도로 마음이 큰 여자다.

내 첫사랑의 감정은 나의 아내이다. 이 마음이 오래오래 가기를 간절히 기도하고 바라본다.

내 사랑 내 곁에

❀

오늘의 주제는 내가 좋아하는 노래다. 내가 제일 좋아하는 가요는 김현식의 '내 사랑 내 곁에'이고 제일 좋아하는 팝송은 비틀즈의 'Let it be'이다.

'내 사랑 내 곁'에는 내가 10살 때 인가 나온 노래다. 고 김현식이 앨범애 들어있다. 그 당시 전국적으로 이 노래가 울려 퍼진 기억이 난다. 어디를 가나 이 노래가 흘러나왔던 기억이 난다. 김현식을 추모하는 분위기가 노래를 더 애절하게 만들었던 것 같다.

처음 시작하는 부분의 멜로디가 너무 좋다. 노래방에서도 애창곡이다. 제목도 너무 마음에 들고 가사도 너무 좋다. 이별 노래 같지만 나는 이 노래를 사랑의 노래로 해석한다. 내 사랑이 내 곁에 있다고. 진정한 사랑이 '나'임을 알았기 때문이다.

팝송 중에서는 비틀즈의 'Let it be'를 제일 좋아한다. 중학교 때 친구를 통해서 팝송을 처음 접했다. 그 당시에 올드 팝송을 주로 들었는데 그중에서도 이 노래가 너무도 좋았다. 노래를 따로 부르고 싶어서 서점에서 팝송 책을 하나 났다.

영어 밑에 우리말로 발음 나는 대로 적어놓고 따라 불렀다. 이십여 년이 지난 지금도 들어도 노래가 들으면 들을수록 새롭고 좋다. 시작 부분의 피아노 소리를 들으면 마음이 편안해진다.

노래의 가사도 예전엔 몰랐는데 시간이 지나고 가사를 다시 보면 가사가 인생의 진리를 담고 있다는 생각이 든다. '순리를 따르라' '그대로 내버려두어라' '답이 있을 것이다.' 이 말들이 이제는 예사롭지 않게 들린다. 그저 노래가 좋아서 좋아하던 노래가 가사를 알고 나서는 더욱 좋아졌다.

좋은 노래는 시간이 지날수록 더욱 들으면 들을수록 새로운 것 같다. 오래 사귄 사람처럼 말이다. 좋은 노래에 반응할 수 있는 내가 좋다.

내 삶의 소확행

❀

내 삶의 소소하지만, 확실한 행복은 무엇일까? 남들이 보기엔 작을 수 있지만 내게 확실한 행복은 무엇일까?

올해 초부터 교회를 다니고 있다. 아내의 아는 언니가 교회 초등부 선생님인데 아이들을 보내 보라고 해서 아이들 보내면서 아내와 나도 다니고 있다. 아내는 어릴 때 교회를 잠시 다녔었고 나는 어린 시절에 가보고 군대에서 몇 번 가본 것이 다였다.

나이가 들고 세상을 살다 보니 어딘가 의지할 때가 필요했는지 막연하게 교회를 다니고 싶다는 생각이 들었다. 미래가 불안하고 이런저런 걱정으로 두려움이 컸었나 보다. 교회에 다니며 찬송도 부르고 목사님 말씀도 듣고 기도도 하면 마음이 편해질 것 같았다.

아직 교회가 어려운 면도 있다. 성경에 나오는 용어나 이야기들이 생소하고 낯설다. 사람 이름도 그렇고 지명들도 어렵다. 하지만 교회에서 말하는 사랑, 감사, 축복, 은혜 등의 말들은 참 좋다. 사람의 마음을 따뜻하게 한다. 얼마 전부터 성가대에 들어갔다. 막연하게 끌렸나 보다.

성가대라는 것도 처음이고 여러 사람과 어울려 노래를 합창하는 것도 처음이다. 3번 정도 연습했고 성가대 옷을 입고 두 번 무대가 나가서 노래를 불렀다. 파트는 베이스다. 악보를 오랜만에 보아서 박자 따라가랴 가사 보랴 정신이 없다.

악보 용어도 어렵고 생소한 것들이 많다. 하지만 재미가 있다. 나는 말을 잘하고 싶고 노래는 잘 부르고 싶어 한다. 그러려면 발성과 발음이 좋아야 하고 호흡도 좋아야 한다. 노래를 불러 보니 숨이 차고 힘도 들지만 배에 힘을 주고 노래를 부르다 보니 호흡도 길어지고 발성과 발음 모든 것이 점점 좋아지고 있다는 느낌이 든다.

성가대에 대부분 나보다 나이가 많으신 분들이 많고 나를 매우 환영해 준다. 같이 노래를 부르며 하모니를 만든다는 것이 재미가 있고 매력이 있다. 이런 경험이 처음이기도 하고 막연하게 하고 싶었나 보다. 재미가 있다. 요즘은 다음 주가 부활절이어서 연습이 많다. 연습이 많아서 힘이 들기도 하지만 힘듦보다 재미가 있다는 생각이 든다. 요즘 나의 소확행은 교회 성가대이다.

지금 내 삶을 만든 과거의 경험은

✿

지금 내 삶을 만든 과거의 경험은 무엇일까? 예전의 경험을 생각해 보기 전에 우선 지금 내 삶을 생각해 보자. 지금 내 삶은 어떤가? 지금의 나는 누구일까?

지금의 나는 진짜 내가 되고 싶어 하는 사람이다. 내가 원하는 것, 내가 원하는 진짜 나의 삶을 살고자 한다. 나다운 삶을 살고 싶다. 마지못해 일하고 끌려가는 삶은 싫다. 내가 원하는 정말 즐거운 나의 인생을 살고 싶다.

나는 한 집안의 가장이고 아내가 있고 두 딸아이의 아빠다. 운 좋게도 고맙게도 사랑하는 아내와 아이들을 만났다. 28살에 결혼을 하고 30살에 큰 애를 낳았기에 너무 늦지도 빠르지도 않게 결혼과 출산을 잘했다고 생각한다.

나는 조명회사의 10년 차 과장이다. 한 회사를 이렇게 오래 다닐 거라고는 생각을 못 했다. 어쩌다 보니 이렇게까지 왔다. 조명이 LED로 바뀌어 가면서 회사는 매출이 매년 상승했고 월급도 계속 올랐다. 꾸준하게 일이 많아서 힘들었지, 일이 없어서 힘든 적은 없었다. 회사에 다니며 집과 차를 사고, 많은 성장과 발전이 있었다. 열정적으로 일했고 열심히 일했었다. 하지만 요즘은 건설경기도 안 좋고 조명시장이 작년도 매출이 줄었고 올해도 전망이 좋지 못해서 걱정이 많다.

최근 들어 교회에 다니고 있다. 교회를 다니며 어딘가에 의지하고 불안하고 두려운 나의 마음을 달래고 싶었는지도 모른다. 지금 내 삶을 만든 경험은 하루하루 살아온 나의 인생일 것이다. 그 길은 잘못도 없고 후회도 없다. 잘못과 후회가 있다면 지금 내 삶을 부정하는 것이다.

지나온 삶에서 불만족스러운 부분이 있다면 거울삼아서 지금부터 방향을 설정하고 다시 하면 된다. 심기일전하는 것이다. 모든 것의 시작은 항상 지금부터이고 모든 것은 나로부터 비롯되기 때문이다.

끝은 시작의 다른 이름이고 위기는 기회의 다른 이름이다. 당신은 나의 다른 이름이고 미래는 지금에 다른 이름이다.

나만의 아지트는

❀

　나만의 아지트는 어디인가? 힘들 때 위로받고 안식처가 되고 기분이 좋아지는 곳은 어디일까? 문득 생각나는 곳은 내가 타고 다니는 자동차 안이다.

　회사에서는 직원들, 고객들과의 업무, 소통 등으로 늘 몸과 마음이 긴장된다. 그러다 외근 나갈 때 혼자 차에 있으면 마음이 조금은 편안해진다. 운전하면서 이런저런 생각도 하고 마음의 휴식과 안정을 취한다.

　차를 타고 다니면서 아내, 고향 친구 등 편안한 사람들과 통화를 하거나 음악을 들으면서 지치고 힘든 내 마음을 달래기도 한다. 또 '미안해 용서해 감사해 사랑해'를 마음속으로 말하면서 호오포노포토를 하기도 한다.

　혼자 있는 것을 즐기는 것은 아니지만 사람들과의 관계가 어렵고 힘들기 때문에 차에서 혼자 있는 시간이 편안하게 느껴진다. 관계에 있어 자신 있고 자유로운 사람이 되길 꿈꾸고 희망한다.

괜찮아 괜찮아

✿

오늘의 주제는 내가 듣고 싶은 말, 내가 나에게 스스로 해주고 싶은 말은 무엇인가다. 여러 가지 말이 있다. 대부분 격려의 말, 위로의 말, 희망의 말이다. 가장이 되고 한 직장에 오래 있다 보니 책임질 일들이 많아졌다.

문득문득 불안감이 들 때가 있다. 요즘은 회사의 매출이 예전 같지 않아 실적에 대한 부담이 크다. 가뜩이나 세상이 변해서 평생직장이 없는 세상이고 직장인 평균 은퇴 나이는 50세 초반이라고 한다. 특히 요즘은 고령화 사회이고 결혼과 출산을 늦게 한다. 그러다 보니 일할 수 있는 시간은 줄어들었지만, 돈을 벌어야 하는 시간을 늘어났다. 딜레마에 빠지는 것이다.

할 줄 아는 것은 직장에서 일하는 것뿐이고 배운 것도 이것뿐인데, 내가 무엇을 좋아하는지 무엇을 잘하는지도 모른다. 인생을 행복하게 살고 싶은데 한 집안을 책임을 져야 하는 가장이라 이러지도 저러지도 못한다. 온실 속의 화초처럼 살아서 실패 확률이 높다는 창업은 준비할 시간과 용기를 내기가 어렵다.

세상을 탓하고 사회를 탓하고 원망만 하고 싶지만은 않다. 이런 상항에서도 누군가는 자신의 꿈을 찾고 행복하게 여유 있게 사는 사람이 분명히 있기 때문이다. 나의 환경이 나를 만들었고 그 환경 또한 내가 만들었을 것이다.

모든 것은 나의 선택이고 나의 책임이기 때문이다. 현실에 안주하고 편안한 것만을 선택하고 미래를 준비하고 공부하지 않았기 때문이다.

모든 것의 시작은 바로 지금부터이고 내 인생은 내가 만들어 가는 것이다. 늦은 시간이란 없는 법이다. 늦었다고 생각할 때가 가장 빠른 때이다. 내 인생은 지금부터가 시작이니까. 과거에 대한 원망보다 미래에 대한 희망으로 살고 싶다. 나는 아직 젊으니까.

나에게 말하고 싶다. 괜찮아 괜찮아 모든 것은 다 괜찮아. 아직 나에겐 시간이 있고 사랑하는 나와 사랑하는 가족들이 있으니까. 나는 할 수 있으니까. 될 일은 반드시 될 것이니까.

내 삶의 마법 같은 존재는

❀

오늘의 주제는 '내 삶에 찾아온 마법 같은 존재'다. 내 인생은 나의 주변 사람들과 같은 삶이었다. 학교에 다니고 군대 다녀오고 취직해서 직장을 다니는 대부분이 살아가는 그러한 삶이다. 30대 중반까지는 그러한 삶을 당연하게 여기고 만족하고 살았었다. 다른 삶은 나의 삶은 아니라고 생각했고 다른 삶은 생각을 해보지 못했다.

그러다가 30대 후반이 되었을 때 인생의 벽에 부딪힌 기분이 들었다. 나름대로 열심히 산다고 생각했는데 행복하지 않았고 이대로는 계속 살 자신이 없다는 생각이 들었다. 무엇이 잘못되었는지 알 수가 없었다. 이대로는 안 되겠다는 생각이 들었다. 변화를 간절히 원했다.

책을 보기 시작했고 인터넷들을 뒤지면서 다른 삶을 꿈꾸기 시작했다. 그러다 우연히 '버터플라이인베스트먼트'라는 무자본 회사를 알게 되었고 그 회사의 신태순, 최규철 대표를 알게 되었다. 그 회사는 무자본으로 사업을 할 수 있는 아이디어를 제공하는 회사인데 사업의 본질은 사람과 사람의 마음에 있다고 했다. 무자본이 가장 거대한 자본이라는 가치 아래 자기 마음의 소리를 들어보고 자기 자신을 먼저 알아야 한다고 한다. 그리고 매일 자신을 알아보라는 글을 써보라는 미션을 주었다. 사업도 자신을 위해서 해야 하고 자신의 문제를 해결해야 하는 사업을 해야 한다고 했다. 그러기 위해 먼저 자신을 알아야 하며 스스로 질문을 해보고 매일 글을 써보라고 했다.

매일 글을 쓰는 일은 운을 쌓는 일이며 운이 쌓이면 인생이 변한다고 했다. 그때부터 블로그에 매일 글을 쓰기 시작했고 나에게 집중했다. 그전까진 나라는 존재에 대한 자각이 없었다. 하지만 매일 글을 쓰면서 나와 나의 마음이 보이기 시작했다.

오랜 시간을 착한 사람, 좋은 사람 콤플렉스로 남을 의식만 살았다. 매일 나를 돌아보는 질문을 하며 나 자신의 존재와 내 마음, 내 생각, 내 감정이 보이기 시작했다. 내가 보이자 내가 원하는 것이 보였다. 나는 행복과 성공을 간절히 원하고 있었다.

행복과 성공을 위해 무엇을 해야 하는지 생각해 보게 되었다. 행복과 성공을 생각하며 하루하루 나아가고 있다. 분명 나는 내 인생의 마법 같은 존재들을 만나기 전과는 다른 삶을 살고 있다.

'나는 우주의 주인공, 내 인생의 주인공이다'

성공이 보장된다면 하고 싶은 일은

오늘의 주제는 '무조건 성공한다면 무엇을 하고 싶은가?'다. 이 질문은 '두렵지 않다면 무엇을 하고 싶은가?'와 같은 질문이라는 생각이 든다. 사람이 새로운 것에 도전하지 못하는 이유는 실패에 대한 두려움이다.

두려움이 없다면 나는 무엇을 하고 싶은가에 대답은 언제나 '사업'이다. 약 14년을 대부분의 사람처럼 직장인으로 살았다. 옛날에는 직장의 삶이 당연하고도 가장 안전하고 무난한 삶이었을 것이다. 하지만 세상이 변했다. 이제 평생직장이 없는 세상이 되었고 평균 은퇴 나이가 50대 초반이라고 한다.

1~2년 전만 해도 이런 생각은 하지 않았는데 요즘은 생각이 많아졌다. 회사를 얼마나 더 다닐 수 있을까 하는 생각 말이다. 때론 서글픈 생각도 든다. 내가 아니 우리 사회가 왜 이렇게 되었을까? 세상의 변화에 너무 무관심한 나의 책임도 크다는 생각이 든다. 그렇다고 불평, 불만만 하고 있을 수는 없다. 아직 나에게는 시간이 있고 희망이 있고 열정이 있다.

두려움이 없다면 우선 정말 내가 좋아하는 일, 잘하는 일을 찾아서 직장이 아닌 직업으로서 나만의 일을 하고 싶다. 직장은 언젠가는 나와야 하는 곳이므로 내가 주인인 된 나만의 평생 직업을 가지고 싶다.

정말 나의 모든 것을 다 바칠 수 있는 사랑하는 나만의 일을 찾고 싶다. 회사에서 내몰릴 것을 걱정하는 삶이 아니라 하루하루를 설렘과 재미로 채우고 싶다. 좋은 사람들과 함께하며 배우고 싶고 내가 가진 것을 나누는 그런 일을 하고 싶다.

정말 한 번뿐인 인생 제대로 살아가고 싶다. 뜨거운 사람이 되어 모든 것을 불태우며 살아가고 싶다. 나와 세상을 위해서 아름답게 살고 싶다. 그렇게 되리라고 믿는다.

나는 내 인생의 주인공이니까!
나는 나를 사랑하니까!
나는 될 사람이니까!
모든 것은 나를 위해 존재하니까!
내 삶이 나를 지켜주고 있으니까!

3장

내 삶에 긍정적인 경험들

사업가로 성공한 나의 모습

⭐

어제는 무조건 성공한다면, 두렵지 않다면 무엇을 할 것인가에 대한 내 생각을 적었다. 나의 대답은 평생의 직업을 찾는 것이었다. 그리고 그것은 언젠가는 나와야 하는 직장이 아닌 나만의 직업을 찾는 것이다. 즉 사업이 되는 것이다.

오늘은 사업가로 성공한 내 모습을 생각해 본다. 아침에 눈을 떠서 설레는 마음으로 출근한다. 나만의 공간에서 집중해서 아침에 맑은 정신으로 업무 정리를 하고 책을 읽고 글을 쓴다. 유튜브 영상을 찍으며 콘텐츠를 계속 만들어 간다. 주변엔 나와 같은 일을 하는 사람들과 서로 정보와 좋은 에너지를 주고받는다.

맛있는 점심을 먹고 오후엔 좋은 사람들을 만나러 다닌다. 긍정적이고 배움에 대한 열정이 있고 매력적인 사람들이 내가 주로 만나는 사람들이고 나의 고객들이다. 내 목표는 하루에 4시간만 일하는 것이다. 일은 나의 시간과 에너지가 굳이 투입되지 않아도 시스템으로 돌아간다.

나는 수익이 나는 파이프라인이 구축되어 있어서 때론 고정적이지 않은 사업 수익을 보완하기 위해 꾸준하게 수익이 들어온다. 매출이 떨어지는 날도 파이프라인으로 꾸준한 수익이 들어오기에 돈에 대한 걱정이 없다.

나는 시간적 자유와 경제적 자유를 이루었다. 평일에 원한다면 어디든 갈 수 있고 누구든 만나러 다닐 수가 있다. 하루에 4시간을 일하고 나머지 시간을 배움과 즐김으로 가득하다. 좋은 강의나 교육이 있으면 항상 배우로 다닌다. 명상, 요가, 발성, 발음, 스피치 등 성장과 발전을 위해서 항상 배우고 성장한다.

그동안의 경험과 지혜를 필요한 사람들을 위해 나눈다. 나와 같은 꿈을 꾸고 도움이 필요한 사람들을 위해 책, 강의, 유튜브 등의 다양한 채널을 통해 세상을 아름답게 만든다.

하루하루가 즐겁고 설렌다. 일도 사람도 인생도 모두가 내 편이다. 세상 모든 것이 배움과 즐거움으로 가득하다. 주말이면 여행을 다니며 가족들이나 좋은 사람들과 즐거운 시간을 보낸다.

감사와 사랑으로 시간을 채우고 심플하고 단순한 인생을 살아간다. 인생은 쉽고 단순하다. 나는 인생을 즐기고 누리고 나누며 살아간다. 생각만으로 가슴이 설렌다.

지금 내 삶에서 관심을 기울여야 할 것

★

오늘의 주제는 '지금 내 삶에서 관심을 기울여야 할 것은 무엇인가'이다. 크게 두 가지라고 생각한다. 지금의 내 삶에 충실하고 집중하면서 미래를 준비하는 것이다.

나는 10년 넘게 같은 직장을 다니고 있다. 우리 회사는 조명을 만들고 나는 영업부에서 일한다. LED 제품을 생산하고 판매하면서 시기와 회사의 영업력 등이 맞물려 회사는 매년 매출이 성장했고 월급 또한 매년 올랐다. 하지만 작년에 처음으로 전년 대비 매출이 하락했다. 그래서 올해는 입사 후 처음으로 월급이 동결되는 이례적인 경험을 했다.

이는 우리 회사의 문제뿐이 아니라 조명 업계 전반의 문제다. 중국산 저가 제품들이 많이 나오고 업체 간의 가격 경쟁은 치열해지고 LED 제품의 보급률이 많이 증가했다. 거기에 건설경기 하락으로 현장이 감소 추세에 있다. 우리 회사도 매출에 대한 압박이 심하고 올해를 중요한 고비로 다들 생각하고 있다.

과거 성장세일 때와는 분위기가 많이 달라 모두 적응이 안 되는 분위기다. 회사는 어떻게든 이윤을 내고 수익을 창출해야 하니 직원들을 닦달하고 있다. 직원들이 많은 스트레스를 받고 있다. 나도 그동안 해왔던 방법과 기존 거래처 외에 신규 거래처를 확보해야 하는 등 회사에서 더욱 노력이 필요하다.

이와 더불어 내 나이도 어느덧 40이 되었다. 이대로 언젠가는 나와야 하는 직장인으로 내 인생을 마무리하고 싶지는 않다. 당연한 일이지만 회사에서 오래될수록 책임감과 부담은 커진다. 실적에 대한 부담과 관리적인 업무가 많다. 열심히 하는 것을 넘어서 다른 무언가가 필요하다.

아무래도 직장은 월급을 받기 위해 다니는 곳이므로 정말 나의 모든 능력을 끌어내서 최선을 다하고 있는지 나 자신도 의문이다. 인생에 한 번쯤은 아니 반드시 내가 정말 좋아하는 일, 가슴 설레는 일을 하며 정말 즐겁게 일하고 싶다. 시간적 경제적 자유도 얻어 가면서 말이다.

직장 생활을 계속하면 지금 상황으로선 힘들어 보인다. 더 나이가 들기 전에 제2의 인생을 준비하고 시작해야 한다는 생각이 든다. 내 인생은 지금부터 시작이다. 눈을 크게 뜨고 찾아보자 반드시 나만의 길이 있을 것이다. 찾으면 보일 것이다.

나의 아침은

★

나는 보통 하루에 7시간 정도 잠을 잔다. 잠이 많은 편이다. 하루 24시간 중 7시간이면 3분의 1일 해당하는 시간이고 인생을 90까지 산다고 하면 거의 30년에 해당하는 시간이다. 30년을 잠으로 보낸다고 생각하면 참으로 긴 시간이기도 하고 시간이 아깝기까지 하다.

무언가를 더 배우고 책을 더 보고 사람들을 더 만나고 인생을 더 즐기고 싶은데 잠으로 많은 시간을 보내는 게 아깝다는 생각이 든다. 그렇다고 40년을 7시간 정도 습관적으로 잠을 자 왔기에 잠자는 시간을 줄이기는 쉽지 않다. 잠을 평소보다 덜 자면 낮에 많이 졸려서 집중이 잘 안된다.

나는 아침에 일어나면 거울 속에 있는 글을 보며 내 마음을 다스리고 있다. 내 거울 앞에는 '감사합니다.' '사랑합니다.' '행복합니다.'라고 적혀있다. 그리고 '평화는 나로부터 시작된다.'는 말도 함께 적혀있다. 아침의 시작을 감사, 사랑, 행복, 평화의 말들로 시작한다. 날마다 내 마음에 감사와 사랑과 행복과 평화의 씨를 심고 있다. 조금씩 꽃이 피고 있다고 믿는다.

나의 무엇에 관심이 있는가?

★

오늘 글의 주제는 '요즘 나는 나의 무엇에 관심이 많은가?'이다. 나는 나에게 관심이 많아졌다. 좋은 일이겠지만 말이다. 내 몸과 마음에 관심이 많고 외면보다 내면에 신경을 많이 쓴다.

내면이라면 생각, 마음, 감정 등 눈에 보이지 않는 것들이다. 그리고 내 인생과 일에 관심이 많다. 내가 만나는 사람들 그리고 나의 미래에 대해서도 그러하다.

'어쩌다 어른'이라는 TV 프로그램 제목처럼 정말 어쩌다 보니 어른이 되었고 열심히 산다고 생각했는데 행복하지가 않다고 느끼는 순간이 왔다. 달라지고 싶었고 변하고 싶었다. 많은 책과 영상을 보고 수많은 사람을 만났다. 많이 배우고 느꼈고 새로운 세상이 있음을 알았다. 그리고 그 길에 멀다는 것을 알았기에 현실의 벽을 느끼고 있다.

하지만 나와 내 인생을 믿고 속도보다 방향의 힘을 믿고 있다. 느리지만 조금씩 물들어 가고 있다고 믿는다. 인생이란 한순간에 변하는 것이 아니라 서서히 변하는 것이니까.

남자의 인생은 일하는 시간이 많으므로 일이라는 것이 삶에서 많은 비중과 의미를 차지한다. 그 길고도 긴 시간을 단순히 돈을 위해 먹고살기 위해 괴롭고 힘들어도 참고 또 참는 인생이라면 참으로 서글프다. 정말 자신이 사랑하는 일을 하며 만족과 삶의 보람을 느끼고 인생을 즐기며 살 수 있다면 행복한 삶이고 최고의 인생이라는 생각이 든다.

세상이 변해서 평생직장이 없는 세상이기도 하고 직장이라는 곳은 아무래도 온전히 나로 살기 어려운 곳이다. 배부른 소리일지도 모르지만 내 능력을 온전히 다 쓰기가 어려운 곳이다. 최고의 내가 되기가 어렵다는 생각도 든다.

나이가 40이 되고 보니 제2의 인생에 대한 마음과 새로운 인생을 살고 싶다는 생각이 간절하다. 시간이 매우 빠르다는 생각도 들어서 마음이 조급해지기도 한다.

하지만 모든 것의 시작은 항상 지금부터이고 모든 것은 나로부터 시작된다. 평화는 나로부터 시작되기 때문이다. 그리고 나는 내 인생의 주인공이기 때문이다. 나는 나를 사랑하기 때문에 모든 것은 반드시 나를 위해 잘 되고 있고 될 일은 된다고 믿는다.

나의 긍정적인 경험들

★

오늘의 주제는 '내가 했던 경험 중 긍정적이라고 느껴지는 것은 무엇인가?'다. 내 경험 중에 긍정적으로 느껴지는 것들은 무엇일까?

지나고 난 것들은 다 추억이 된다. 추억은 그리움의 다른 말이다. 힘들었던 기억과 안 좋은 기억도 간혹 있겠지만 대부분이 아련한 추억으로 남는다. 생각해 보면 그 시절 내가 마주한 공간과 사람들이 제일 많이 기억난다. 학창 시절에는 학교라는 공간과 친구들, 군대 시절에는 막사와 주변의 풍경들 그리고 함께 동고동락한 전우들이 떠오른다. 지금 직장 이전의 직장들도 다니던 공간과 직원들도 생각이 난다.

인생을 살면서 수많은 경험을 하고, 많은 공간을 다니고 많은 사람을 만났다. 그러한 경험들이 쌓여서 내 인생이 된다. 군대를 제대하고 출세의 부푼 꿈을 안고 서울로 올라와서 아르바이트를 시작했다. 그 당시 내 공간은 고시원이었다. 알바를 하다가 직업전문학교를 다니게 되었고 졸업 후 인테리어 회사를 시작으로 사회생활이 시작되었다.

일을 하며 직업전문학교 직원이었던 지금의 아내를 만나 결혼했고 아이 둘을 낳고 살고 있다. 인테리어 회사에서 몇 곳의 회사를 거친 후 지금의 직장을 10년 넘게 다니고 있다. 38살에 인생의 벽에 부딪혔음을 알았다. 나름대로 열심히 살았지만 행복하지 않음을 알았고 미래가 불안함을 느꼈다.

변화가 필요함을 알았고 달라지고 싶다고 느꼈다. 그리고 운 좋게 기적적으로 많은 사람을 만났고 그들로부터 좋은 영향을 받으며 새로운 세상이 있음을 알게 되었다. 그들은 자신의 꿈을 위해 노력하는 사람들이었고 자신을 사랑하는 사람들이었다.

수동적인 삶이 아닌 적극적인 삶을 살았고 무언가를 만드는 생산자, 사람들을 도와주고 세상을 아름답게 만들어주는 가치를 전달하는 메신저이자 문제를 해결하는 해결사들이었다.

그들처럼 되고 싶다. 만나는 사람이 바뀌면 인생이 바뀐다고 했다. 아직 내 인생의 큰 틀은 바꾸지 않았지만 분명 나는 과거와는 다른 꿈을 꾸는 사람이 되었다. 매일 글을 쓰며 무언가를 만들어 내는 생산자가 되었으며 사람들에게 좋은 영향을 주는 사람이 되어 가고 있음을 느낀다. 모든 것이 기적처럼 느껴진다.

내가 느끼는 부정적인 것

★

오늘의 주제는 '부정적으로 느껴지는 것은 무엇인가요?'다.

세상은 음과 양의 조화로 이루어져 있다. 빛이 있으면 그림자가 있고 하늘이 있으면 땅이 있다. 기쁨과 슬픔이 있고 긍정과 부정이 있다. 죽음이 있기에 삶이 더욱 아름답고 빛이 나듯이 부정이 있기에 긍정이 더욱 가치가 있고 아름다운 것이라고 생각이 든다. 내가 느끼는 부정적인 것들은 무엇일까?

내가 느끼는 것들은 나의 성격과 성향과 관계가 많을 것이다. 아무래도 그러한 감정들은 사람들과의 관계에서 가장 많이 느끼는 것 같다. 매일 보는 가족들, 직장 동료들의 그리고 거래처 직원들과 아무래도 가장 많은 연락과 소통을 한다.

내가 느끼는 부정적이라 느끼는 것들은 대부분이 그렇겠지만 무례한 사람들이라고 생각한다. 함께 사는 세상이기에 더불어 살아야 하는데 혼자만 잘났다고 생각하고 무례하게 구는 사람들이다. 모든 사람이 성격과 처한 환경과 생각이 다르기에 서로를 이해하기가 힘든 부분은 항상 존재한다.

세상은 정답이 없고 옳고 그름이 없기 때문이다. 누구나 자기만의 상황이 있고 생각이 있다. 맞다 틀리다가 아니라 모든 것은 같거나 다를 뿐이라는 생각이 든다. 세상은 혼자서 살아갈 수 없기에 어차피 서로 부대끼며 살아야 한다.

그러다 보면 실망도 하고 서로에게 상처를 주고 힘들어하기도 한다. 하지만 상대방을 조금이라도 이해해 보려고 하고 서로 다름을 인정한다면 좋을 것 같다. 그 사람을 위해서가 나 자신을 위해서 말이다.

관계가 좋으면 내가 좋고 관계가 나쁘면 내가 힘이 든다. 모든 것은 나를 위해서 하는 것이다. 좋은 인간관계도 일도 모두 나를 위해서 나 좋자고 하는 것이다. 내가 편해야 세상도 편하고 내가 행복해야 세상도 행복하기 때문이다.

남이 아닌 나를 위해 같은 사람이고 동시대를 살아가는 사람들이기에 서로의 목소리에 귀를 기울이면 좋겠다. 서로의 마음과 아픔을 이해하고 서로 다름을 인정하는 그런 사람이 되고 싶고 그런 세상이 되기를 간절히 기도하고 소망해 본다.

관점의 전환

★

오늘의 주제는 관점을 다르게 해보는 것이다. 관점이란 바라보는 방향이다. 사람은 지극히 주관적인 존재이기에 어쩔 수 없이 모든 것을 나를 기준으로 바라보고 해석하고 생각을 할 수밖에 없는 존재다.

그렇기에 인생의 큰 문제를 만났을 때 아무리 머리를 짜내고 생각해 봐도 해결책이 안 보이는 경우가 있다. 그럴 때는 관점을 바꾸어서 생각해 보는 유연함과 관점의 전환이 필요하고 효과적이라는 생각이 든다.

역지사지라는 말이 있다. 역지사지는 입장을 바꾸어 생각해 보는 것이다. 사람의 인생은 보고 듣고 경험한 것이 전부이기에 한계성이 분명히 존재한다. 모든 것은 자신의 기준으로 판단하고 생각하고 평가하게 된다. 그렇기에 사람, 사물, 현상 등을 이해하는 데 어려움을 겪기도 한다.

사람이란 서로의 살아온 환경이 다 다르기에 생각도 가치관도 모두 다를 수밖에 없다. 내 입장에서 모든 것을 바라본다. 가까이는 아내, 아이들, 직장 동료들과 거래처 사람들, 그리고 지인들.

내가 그들을 보고 판단하듯이 그들도 나를 보고 판단할 것이다. 때로는 상대방의 입장에서 나를 바라보는 것이 필요하고 내 삶에 도움 된다는 생각을 해본다.

아내가 바라보는 내 모습, 아이들이 바라보는 내 모습, 회사의 오너가 바라보는 내 모습, 직장 동료들이 바라보는 내 모습, 거래처 사람들이 바라보는 내 모습, 온라인상에서 내가 쓴 글을 보고 바라보는 내 모습들. 이 모든 것이 모여서 나라는 사람을 이룬다.

무언가 막힌 느낌이 들고 답답할 때는 상대의 모습에서 나를 바라보는 유연함과 관점의 전환이 필요하다. '상대가 바라는 내 모습이 어떨까'하고 생각해 본다. 사람은 다양한 역할을 맡고 있고 수많은 관계를 맺으며 살아간다. 나는 누군가의 자녀, 남편, 아빠이다. 그리고 한 직장의 직원이자 누군가의 동료이고 상관이다.

또한 한 거래처의 담당자이기도 하고 한 교회의 성도이기도 하다. 때론 입장을 바꾸어서 내 모습과 역할을 바라본다면 내가 해야 할 일들이 보이고 내가 보일 것이다. 나도 세상을 보지만 세상도 나를 보고 있다.

내가 가장 많이 쓰는 단어 3가지는

★

어제까지 27일째 글을 썼다. 오늘의 주제는 '27일 동안 쓴 글 중에 내가 가장 많이 쓰는 단어 3가지는 무엇인가요?'다. 3가지 단어를 찾기 위해서 먼저 쓴 글들을 빠르게 읽어 보았다. 정확히 세어보지는 못했지만 3단어가 눈이 들어왔다.

아마 지금의 내가 가장 중요하게 생각하는 말들일 것이다. 그것은 '나'와 '인생' 그리고 '사랑'이었다. 나는 오랜 시간을 여러 가지 이유로 나를 모르고 살았다. 나라는 존재에 대한 자각과 개념, 인식 등이 없었다. 어려서부터 나보다는 남들을 더 생각하는 인생을 살았고 착한 사람, 좋은 사람 콤플렉스가 심했다.

그랬기에 항상 좋은 사람, 착한 사람이라는 말을 듣고자 행동했고, 그런 말을 듣기는 했지만 항상 마음은 무언가에 눌린 것처럼 답답했다. 그렇게 38년을 살았다. 그러다 인생의 벽을 만났다. 열심히 살았지만, 행복하지 않고 내가 원하는 삶이 아니었음을 알았다. 무언가 잘못되었음을 알았지만, 그것이 무엇인지 알 수가 없었다.

달라지고 싶었고 변하고 싶었다. 책과 인터넷 등에서 내 인생을 바꾸어줄 새로운 사람들을 만나며 길을 찾았다. 그러다 운이 좋게도 알게 되었다. 모든 것의 문제는 나라는 사실을. 나의 문제는 나를 모른다는 것이었고 내 인생에 나라는 존재가 없다는 것이었다. 매일 글을 쓰고 나의 마음을 들여다보면서 나와 가까워지고 나를 알아야 한다는 것을 알았다.

그때부터 매일 글을 쓰며 나를 찾기를 시작했다. 시간이 지나자 나라를 존재가 조금씩 보이기 시작했다. 그동안 내가 몰라주고 외면해서 힘들어하고 있는 내 안의 내가 보였고 내 안의 사랑이 보이기 시작했고 내 인생이 보이기 시작했다. 내가 보이자 내가 원하는 것들이 조금씩 보이기 시작했다.

세상에서 가장 소중한 것이 나라는 존재임을 깨달았고 내가 우주의 주인공임을 알게 되었다. 삶과 죽음이 동시에 존재하듯이 유한한 인생이 중요함을 깨달았다. 그리고 세상에서 가장 위대한 말이 사랑이라는 것을 알게 되었다.

내가 보이자, 새로운 세상이 보이기 시작했고 조금씩 내 인생이 달라짐을 느낀다. 생각, 행동, 마음이 이제 무엇이 중요한지는 알았기에 그것을 지키기 위한 인생을 살자. 결론은 나는 나의 인생을 사랑한다.

내가 처음으로 꿨던 꿈은

★

    내가 처음으로 꾸었던 꿈은 무엇일까? 어린 시절 나의 첫 꿈은 무엇일까? 어린 시절부터 우리 집은 장사를 했다. 시골 읍내에서 농사를 짓는 데 필요한 농약과 농자재는 판매했고 도배와 장판을 하는 지업사를 같이 했다. 그리고 농사도 지었다. 엄마가 농사하러 밭에 가면 내가 가게를 보곤 했다.

    가게를 보며 오는 손님들에게 있는 물건을 팔고 거스름돈을 내어주는 일이 좋아 보였다. 편하고 쉬워 보이기도 했다. 그에 따르는 제반 일들은 잘 모를 때이기도 했다. 지나가는 말로 엄마에게 "나도 크면 장사나 할까?"라고 물어보자 힘이 든다고 절대 하지 말라고 했던 기억이 난다.

    지금 생각해 보면 장사를 하려면 계속 가게에 있어야 하기에 몸이 자유스럽지 못하고 주말도 따로 없었다. 그리고 수많은 물건을 갖추어야 하기에 재고 관리 등도 보통 일이 아니었을 것이라는 생각도 든다. 무엇을 하든 고정비와 유지비가 가장 무섭다고 한다.

장사를 하더라도 고정비와 유지비가 안 드는 방법을 찾고 자본이 들지 않는 장사를 해야 한다는 것을 배웠다. 자본은 한계가 있고 무자본은 한계가 없다는 것을 알았다. 자본이 들지 않는 장사란 참 매력 있다.

세상이 변해서 평생직장이 없다. 무한 경쟁 사회이기에 회사는 인건비를 줄여야만 살아남을 수 있기에 사람의 인생을 책임질 수가 없는 상황이다. 이런 세상을 탓할 수만은 없다. 이런 상황에서 내가 할 일을 찾아야 한다. 언젠가는 나와야 하는 직장보다 평생의 직업을 찾고 싶고 반드시 찾아야 한다.

그동안의 일이란 오로지 돈을 벌기 위해서 해왔기에 한 번뿐인 내 인생을 이대로 흘려보내기는 너무도 싫다. 정말 내가 좋아하고 사랑하는 일을 하며 남은 인생을 내 모든 것을 다 바치고 싶다. 내 모든 능력을 다 불태우고 싶다.

오로지 나만을 위해서가 아니라 세상을 아름답게 하고 세상의 문제를 해결하는 일을 하고 싶다. 나와 같은 고민으로 힘들어하는 사람들에게 도움과 희망을 주고 싶다. 내가 처음으로 꾸었던 장사라는 꿈이 나만의 이익을 위해서가 아니라 세상을 위한 일이 되기를 간절히 기도하고 상상해 본다.

3년 내에 이루고 싶은 목표

★

오늘의 주제는 '3년 내에 이루고 싶은 목표는 무엇인가?'다. 3년 뒤면 43살이다. 무언가를 다시 시작하기에 늦은 나이란 없다고 하지만 그 나이에는 무언가를 새로 시작하기에 매우 부담스러운 나이라는 생각이 든다. 3년 내에는 중대한 결정을 내려야 한다는 생각이 요즘 들어 계속 든다.

단순히 지금의 현실이 힘들고 싫어서 다른 삶을 꿈꾸는 것이 아니라 한 번뿐인 너무도 소중한 나의 인생을 정말 제대로 찐하게 살아보고 싶다. 그동안은 그냥 남들처럼 그냥 그렇게 살았다. 내가 원하고 내가 좋아하는 것이 무엇인지도 모르게 그냥 남들 학교 가니까 가고 취직하니까 했다.

다른 삶이 있다는 것을 몰랐고 알려고도 하지 않았다. 내가 내 인생의 주인공이라는 것을 몰랐고 나 자신이 가장 소중하다는 것을 알았다. 그러다 내 존재와 나의 소중함을 알게 되었다. 내가 보이기 시작했고 내 인생이 보이기 시작했다. 평생직장이 사라진 이 시대에 직장만을 믿고 그 이후의 미래를 진지하게 고민해 보지 않았다. 그냥 막연하게 생각했다.

열심히 하다 보면 어떻게든 되겠지라고 생각했다. 그렇게 시간은 흐르고 갈수록 직장생활이 힘들어짐을 느꼈다. 벗어나고 싶었지만 계속 늪에 빠진 기분이 들었고 현실의 무게가 무겁다는 생각이 들었다.

새로운 사람들을 만나며 새로운 세상을 보았다. 언젠가는 나와야 하는 미래가 불안한 직장인의 삶이 아닌 자신이 좋아하는 일을 찾고 세상을 이롭게 하는 사람이 되길 꿈꾼다. 사업을 하고 강의하고 글을 쓰고 책을 쓰고 영상을 만들어 내는 생산자들, 자신의 경험과 지혜를 전하는 메신저들의 존재를 보았고 그들과 같은 꿈을 꾸기 시작했다.

더 행동하고 고민해야 한다. 3년 내에 내가 이루고 싶은 꿈은 사업가, 작가, 강사, 1인 기업가, 유튜버가 되는 것이다. 아직은 여러 이유로 절대적인 시간을 투입하지 못하고 있고 정말 내가 무슨 일로 사업을 하고 어떤 직업을 가져야 할지 정하지 못했다.

어쩌면 용기가 없고 현실에 안주하려는 마음이 큰지도 모르겠다. 조급해 하지 말고 마음의 방향을 정했으니 그 끈을 놓지 않으리라. 나와 나의 인생에 대한 믿음과 사랑으로 나아가리

4장

눈빛이 초롱초롱해지던 날

내 꿈 중에 우선순위는

☆

오늘은 어제 내가 적은 꿈과 목표 중에 우선순위를 정해보고 그 첫 단계를 적어본다. 어제 내가 적은 목표는 3년 내에 사업가, 작가, 강사, 1인 기업가, 유튜버가 되는 것이었다. 모두 내 일과 직업에 관한 것이다.

회사 일을 오래 하면 할수록 불안감이 들 때가 있다. 시간이 지날수록 일이 많아지고 책임감과 부담감은 커진다. 내가 받는 월급이 있고 회사에서는 나가는 돈이 있으니 어쩌면 당연한 일일 것이다. 중요한 것은 어차피 회사 일은 나를 위한 일이 아니라는 생각이다. 내가 좋아서 하는 일이 아니기에 힘이 들고 신이 나지 않고 남의 눈치를 봐가며 일하고 있다.

요즘은 정말 내가 좋아하는 일을 나를 위해서 하고 싶다는 생각이 간절하다. 아침에 눈을 떠 일하러 갈 생각이 즐겁고 마음이 설레고 오늘 만날 사람을 생각하면 기분 좋아지는 그런 나의 일, 정말 내가 사랑하는 내 일을 하고 싶다.

그러기 위해서는 나를 알아야 한다. 내가 누구인지? 무엇을 좋아하고 무슨 일을 잘하고 즐거워하는지? 나와 맞는 일은 무엇이며 무슨 일을 할 때 힘이 나는지? 어떤 사람들과 함께 할 때 힘이 나고 기분이 좋아지는 등을 알아야 한다. 나를 모른다면 내게 맞는 일도 찾을 수 없다.

모든 일의 우선순위는 나를 찾는 것이다. 내가 내 인생의 주인이 되어야 하고 나를 위해서 살고자 하는 마음이 있어야 한다. 그래야지만 내가 사랑하는 진짜 내 일을 찾을 수 있다.

내가 누구인지 내가 무엇을 좋아하고 원하는지 아는 길은 나에게 질문을 해보는 것이다. 나의 모든 것을 알고 있는 나에게 묻고 답을 찾는 것이다. 모든 것은 내 안에 있다. 그러니 내 안에서 길을 찾아야 한다. 나에게 묻고 답하기를 반복하면서 내 안에서 찾아내야 하고 오로지 나만이 할 수 있다.

나를 가장 잘 아는 것은 바로 나 자신이기 때문이다. 이 세상에서 나보다 나를 잘 아는 사람은 없다. 나도 내 인생도 내 안에서 찾아야 한다. 내 꿈의 우선순위는 나를 알고 나를 찾는 것이다. 나를 사랑하고 내 인생을 찾는 것이다.

눈빛이 초롱초롱해지던 날

☆

내 눈이 초롱초롱해지는 순간은 언제인가? 눈이 초롱초롱해지는 순간은 무언가 호기심 있는 것을 발견했다는 뜻이다. 최근 블로그를 통해 메리츠자산운용 존 리 대표가 쓴 "엄마, 주식 사주세요"라는 책을 알게 되어 읽고 있다.

책의 주된 내용은 우리나라 사람들 대부분이 노후 준비가 안되어있으며 그 원인을 사교육비의 과다한 투자와 과소비에 있다고 말한다. 지금부터라도 아이를 사교육비를 줄이고 주식 투자를 통해 미래를 준비하라는 내용이다.

주식 투자를 하는 사람들 대부분은 단기 투자를 하기 때문에 계속 실패를 한다고 했다. 주식 투자는 여윳돈으로 장기 투자를 해야 하며 주식은 사고파는 것이 아니라 사서 모으는 것이라고 한다.

그 책을 보고 주식에 대한 생각이 많이 바뀌었고 무언가 눈이 떠지는 기분이 들었다. 지금의 세상은 자본주의 세상이고 자본주의 세상이란 자본가들이 돈을 버는 세상이다. 그러나 나를 포함한 많은 사람이 근로소득에만 의존하고 있다. 근로소득은 한계가 있으며 때문 물가 상승률보다 뒤처지기도 한다. 많은 생각이 들었다.

그동안 투자라고 하면 부동산 투자만 생각했었다. 주변에 주식 투자로 돈을 잃었다는 사람들이 많았고 매 순간 차트를 들여다보며 일희일비하는 모습이 좋아 보이지 않아서이다.

무엇보다 주식은 위험성이 있다는 것과 눈이 보이지 않고 어렵다는 이유가 컸다. 어렵다고 느끼는 이유는 내가 경제를 공부하지 않았기에 경제를 모르기 때문이라는 것을 알았다.

부자가 되고 돈에 구애받지 않는 삶을 살기 위해서는 내가 살아가는 세상이 어떻게 변해 가는지 알아야 하고 그 변화의 중심은 경제라는 것을 알았다. 직장 생활은 한계가 있고 언젠가는 나와야 한다. 그리고 계속 나이가 들고 체력은 떨어지기에 직장 생활 이후의 다른 삶을 준비해야 한다는 것을 절실히 느끼고 있다. 그리고 무엇을 하든 경제를 알아야 한다는 마음이 강하게 든다.

그동안의 안일한 생각에 세상의 변화와 경제 공부에 관심을 두지 않았다. 그러다 회사의 매출은 떨어지고 경제는 어려워지고 직장의 일은 더욱 힘들어져 가는 상황이 왔다. 위기가 온 것이다. 위기는 항상 기회와 같이 온다고 한다. 지금이 세상의 변화와 경제를 공부하라는 신호이다. 내 눈은 지금 경제 공부에 초점을 맞추고 있다. 눈과 마음이 초롱초롱해지고 있다.

인생의 충격

☆

오늘 주제는 인생의 충격과 놀라웠던 일이다. 나름대로 열심히 산다고 생각했지만 행복하지 않았다. 내가 무엇을 잘 못했는지 알 수가 없었다. 변하고 싶었고 달라지고 싶었다. 새로운 만남을 통해 만나는 사람이 바뀌면 인생이 바뀐다는 것을 알게 되었다.

그때부터 그동안 내 주위에 없던 새로운 사람, 내가 원하는 삶을 살고 있는 사람들을 만나러 다니기 시작했다. 그리고 많은 사람을 만났다. 그 사람들을 만나며 배우고 영향을 받고 감동했다. 그들은 내 인생의 충격이었다.

젊은 나이에 유튜브와 습관 코치로 경제적 자유를 이룬 사람, 사람에게 배우기 위해 몇 년간 모임을 운영하며 몇천 명의 사람을 만난 사람, 자본이 가장 거대한 자본임을 전파하고 나 자신이 우주의 주인공임을 알게 해준 사람.

내 마음에 집중해야 함을 알려주고 내 안의 나를 만나게 해준 사람, 수많은 사람의 인생을 변화시킨 사람, 좋아하는 일을 해야지만 행복한 부자가 될 수 있음을 알려주고 우주 안에 내가 사는 것이 아니라 내 안에 우주가 산다는 놀라운 사실을 전파하는 사람.

매일 글을 쓰는 것이 운을 쌓는 방법임을 알려주고 생산자가 되고 메신저가 되게 만들어 준 사람, 그리고 만난 책을 내는 작가들, 사람들에게 감동과 지혜를 전하는 강사들, 진정 자신이 좋아하는 일을 하며 즐겁게 살아가는 사람들, 사업가들, 상상할 수도 없는 깊이와 넓이는 가진 사람, 나를 충격에 빠트린 내 가슴을 흔들어 버린 발표를 한 사람 등

많은 사람을 만나며 나는 충격에 빠졌다. 그동안의 내 주위 사람들은 가족, 친구, 직장 동료가 전부였다. 그랬기에 내 인생도 그들과 별반 다르지 않았다. 하지만 충격적인 사람들을 만나고 알게 된 후부터 내 인생도 달라지기 시작했다. 새로운 세상에 눈을 뜨기 시작한 것이다.

사람은 사람에게 가장 많이 배우고 사람으로부터 가장 큰 영향을 받는다. 만나는 사람이 바뀌면 인생이 바뀐다는 말은 진실이었다. 나는 그전과는 다른 사람이 되었고 내 삶의 방향이 바뀌었다. 이 모든 변화는 나를 충격에 빠트린 사람들과의 만남으로부터 시작되었다. 그들에게 나를 변하게 해주고 새로운 세상을 만나게 해주심에 감사와 사랑을 전합니다.

내가 재미를 느끼는 것

☆

오늘의 주제는 '내가 재미를 느끼는 일이나 행동은 무엇인가요?'다. 매일 글을 쓰길 시작한 지가 2년 가까이 되어간다. 이렇게 오래 할 수가 있는 이유는 재미있어서다. 좋아하는 일의 다른 말은 오래 할 수 있는 일이라고 생각한다. 좋아하기에 오래 할 수 있고 오래 할 수 있기에 잘할 수 있게 된다.

글을 쓰는 일과 책보는 일에 재미를 느끼고 있다. 나의 성장과 발전에 도움이 되는 책을 만나면 마음이 설렌다. 한동안 책을 보는 것보다 사는 것에 빠져서 먼저 산 책을 다 보지도 않고 다른 책을 계속 살 정도로 책의 매력에 빠지기도 했다.

책을 통해 꾸준히 배우고 새로운 생각과 새로운 세상을 만나는 것이 너무 즐겁다. 블로그를 한지 2년 정도 되어간다. 매일 블로그에 글을 쓰며 같은 생각을 공유하고 내가 원하는 사람들과 소통하는 게 재밌다. 블로그를 통해 이웃이 되고 오프라인 만남까지 이어지기도 했다. 신기하고도 놀라운 경험이었다. 내가 재미를 느끼는 것은 글쓰기, 책 읽기, 새로운 사람들과의 만남이다.

모든 사람을 알고 있다면

☆

　이 세상 모든 사람을 알고 있다면 나는 그 사람과 무엇을 해 보고 싶은가? 모든 사람을 안다면 우선 내가 원하는 삶을 사는 사람들을 만나서 물어보고 싶다. 어떻게 하면 그렇게 살 수 있냐고? 내가 원하는 삶은 경제적 시간적 자유를 이루고, 내가 사랑하는 일을 열정적으로 하며 세상을 아름답게 만드는 것이며 남이 아닌 나만의 인생을 나답게 살아가는 것이다.

　사람에게 배우는 가르침이 가장 강력한 법이다. 내가 원하는 삶을 사는 사람들에서 그들의 생각, 방법, 인생들을 보고 배우고 싶다. 그들과 함께 모든 것을 공유하고 나누고 싶다. 같이 생산자가 되고 메신저가 되어 사람들의 문제를 해결하고 사람들의 인생을 행복하게 하고 세상을 아름답게 하고 싶다.

　생각만 해도 마음이 설렌다. 우리 인생은 마음먹은 대로 살 수 있고 생각대로 살 수가 있다. 매력적이고 멋있는 사람들에게 배우고 그들과 어깨를 나란히 하는 사람이 되고 싶다. 나도 그들처럼 멋진 인생을 살고 싶다.

나의 일탈

☆

나의 일탈은 무엇일까? 일탈이란 늘 가던 길을 벗어나 새로운 길로 가보는 것이다. 인생이 답답하고 무언가 잘 풀리지 않을 때 일탈을 해보는 것이 필요하다. 일탈은 새로운 배움과 깨달음을 주기 때문이다. 새로운 경험과 감정이라는 선물을 준다. 나는 지금 일탈을 꿈꾸어 있다. 그동안 걸어온 길과는 다를 길을, 내 주변의 사람들과 다른 길을 가려고 꿈을 꾸고 있다. 가보지 않았기에 두렵고, 경험해 보지 않았기에 설렌다.

확실한 방법은 나에게 질문을 해보는 것이다. 지금 이 길이 싫어서가 아니라 새로운 길에 대한 열망으로 그 길을 가려고 하는지 말이다. 인생은 항상 과거보다 내가 서 있는 지금을 알고 미래를 준비하고 나아가야 한다고 생각한다. 세상은 변했다. 아니 세상이 변하지 않았더라도 한 번뿐인 나를 위해서라도 진짜 나로, 나답게, 나만의 인생을 살아보고 싶다. 될 수 있는 최고의 내가 되어서. 물론 그 길이 평탄하지만은 않을 것이다. 생각보다 더욱 힘들 수도 있다. 하지만 나는 반드시 그 길을 갈 것이다. 삶이 나를 지켜줄 것이라 굳게 믿는다.

두렵지 않다면

☆

오늘 주제는 '두렵지 않다면 무엇을 하고 싶은가?'다. 두려움이란 사람의 기본적인 감정이며 본능이다. 우리 인생을 살면서 두려움이라는 감정 때문에 하고 싶어도 못 하고 후회하는 경우가 많다. 두려움이라는 감정에 익숙해지고 받아들이고 두렵지만, 아니 두렵기 때문에 못 하는 것이 아니라 두렵기 때문에 한다면 분명 한 사람의 인생은 많이 달라져 있을 것이다.

나는 무엇을 두려워하고 있으며 두렵지 않다면 무엇을 하고 싶을까? 우선 두려움 하면 생각나는 것이 두 가지가 있다. 사람들 앞에서 말을 하는 것이고 또 하는 익숙한 직장 생활에서 벗어나 나 홀로 사업을 하는 것이다. 어려서부터 소심한 성격에 사람들 앞에서 말을 잘 못했다.

말도 좀 더듬었고 발표 불안도 있었다. 사람들 앞에 서면 얼굴이 뜨거워지고 손에 땀이 나고 긴장이 많이 되었다. 그래서 나는 앞에서 말하는 것이 두렵다. 그러한 두려움이 없다면 나는 강의를 하는 강사가 되고 싶다는 생각을 종종 한다.

많은 사람 앞에서 당당하고 자연스럽게 강의하는 사람들을 보면 그렇게 멋있을 수가 없고 부럽다. 물론 그 사람들도 처음부터 그렇게 잘 하지는 않았을 것이다. 두려워도 자주 그러한 자리에 섰기에 경험이 쌓여서 그렇게 되었을 것이다. 말을 잘할 수밖에 없는 환경에 놓이면 누구나 그렇게 될 것이고 어쩌면 환경이라는 것도 자신이 만드는 것이다.

때론 욕심이라는 것이 사람을 주저하게 만든다. 겉으론 태연하게 보이고 아무리 많이 강의를 해본 사람이라도 떨릴 수가 있을 것이다. 다만 경험이 쌓여 대처라는 요령이 생겼을 것이다. 너무 잘하려는 마음을 버려야 한다고 생각한다. 잘하려는 마음보다 편하게 한다는 마음이 중요하다. 내가 편하게 말해야 듣는 사람도 편할 테니까 말이다.

내가 알고 있는 지혜를 사람들에 전해 그 사람들의 문제를 해결해주고 도움을 주는 사람이 되고 싶다. 그리고 사업이다.오랜 시간을 직장인으로 살아왔다. 일을 잘하든 못하는 때가 되면 월급이 나왔고 주말이면 쉰다. 아무리 힘들다 힘들다 해도 시간은 가고 주말은 오고 월급은 나왔다. 하지만 평생직장은 없는 세상이 되고 보니 무언가 준비해야 한다는 생각이 많이 든다.

수명은 늘어났고 출산은 늦게 하므로 경제 활동을 해야 하는 시간이 늘어났고 고용은 불안한 세상이다. 직장인 평균 은퇴 나이가 53세라고 한다. 아이들 뒷바라지와 노후 준비를 해야 할 나이에 회사를 나온다면 막막하고 불안하다.

그러한 현실적인 문제보다 한 번뿐인 소중한 내 인생을 생각했을 때 인생 대부분의 시간을 일하며 보는 것, 내가 아닌 남을 위해서 일하는 것, 나의 능력을 전부 끌어내어 최고의 내가 되지 못하는 것, 내가 정말 좋아하는 일을 좋아하는 사람들과 하지 못하는 것은 생각만 해도 너무 서글프다는 생각이 든다.

실패할 것이 두렵지 않고 한동안 수익이 나지 않아 두렵지 않고 가족을 포함한 주변 사람들의 시선이 두렵지 않고 익숙한 한 환경이 아니라서 두렵지 않다면 정말 내가 사랑하는 일로 나만의 사업을 하고 싶다. 아침에 출근하는 길이 가슴이 벅차고 생각만 해도 마음에 설레는 그러한 나의 일을 하고 싶다.

두렵지 않다면 아니 두렵기 때문에 반드시 해야 하고 반드시 그렇게 될 것이라고 믿는다.

슬럼프에 대하여

☆

오늘의 주제는 슬럼프다. 슬럼프의 뜻을 사전에서 찾아보았다. 슬럼프란 보통 운동 경기 등에서 많이 사용하는 단어로 '자기 실력을 제대로 발휘하지 못하고 저조한 상태가 길게 계속되는 일'을 말하고 '부진'이나 '침체'라는 의미라고 한다.

뜻을 보고 슬럼프의 기준에 대해서 생각해 본다. 슬럼프라는 것은 누가 정의하는가? 남들이 슬럼프라고 해야 슬럼프일까?, 내가 스스로 슬럼프라고 생각해야 슬럼프일까? 아니면 남들은 슬럼프라고 하는데 내가 아니라고 생각하면 아닐까? 또 아니면 나는 슬럼프라고 생각하는데 남들이 아니라고 하면 아닐 까?

모든 것은 생각하기 나름이고 중요한 것은 내 생각인 것 같다. 남의 말이 중요하기는 하지만 어차피 내 인생이니까 내 생각이 가장 중요하다. 내가 기분이 좋은지 힘이 드는지는 오로지 나만이 느끼고 나만이 안다.

요즘 내가 슬럼프라고 느끼는 것은 회사의 매출이다. 우리 회사는 LED 조명을 만드는 회사고 나는 영업부에 있다. 회사매출이 매년 상승하다가 작년에 처음으로 하락했고 올해도 전망이 그렇게 좋지는 않다. 중국산 저가형 제품이 시장을 점점 잠식하고 있고 경기 악화로 현장이 많이 줄었다. 거기에 내가 담당하는 업체도 매출이 작년 대비 줄고 있는데 마땅한 대안이 보이지 않아 나름대로 고민이 많다.

회사도 개인적으로도 올해가 중요한 고비이다. 입사 이후 매년 오르던 월급이 올해 처음으로 동결이 되었고 매출 하락으로 진급도 이루어지지 않았다. 무언가 다른 돌파구를 찾아야 한다는 생각이 든다. 변화가 필요하다.

다른 결과는 다른 생각과 다른 행동에서 나오기 때문이다. 무언가 다른 생각과 다른 행동으로 슬럼프를 극복하고 싶다. 위기는 곧 기회니까. 위기가 기회라는 말을 자주 생각한다. 기회는 항상 위기와 같이 온다.

믿음을 가지고 살자. 세상에는 흐름이 있고 삶이 나는 지켜주고 이끌어 준다고 믿는다. 책에서 본 글이 기억난다. "내가 애써 얻으려는 것보다 삶이 나에게 주려는 것이 더 크다"라고. 나를 믿고 삶을 믿자. 모든 것이 반드시 잘될 것이다.

슬럼프를 겪은 나의 모습은

☆

어제에 이어서 슬럼프를 겪는 내 모습을 관찰한다. 슬럼프를 겪는 나의 몸과 마음은 어떤가? 슬럼프가 왔다고 생각하면 난 집중이 잘 안된다. 이래저래 생각이 많아지고 마음이 조급해진다. 두통이 오고 손에 땀이 나고 몸이 긴장된다. 마음이 불안해지고 스트레스를 받는다.

현실과 상황을 바라보는 생각과 태도를 바꾸어 보려고 하지만 쉽지 않다. 상황을 바꿀 수 없다면 생각을 바꾸면 된다는 것을 머릿속으로는 알지만 현실로 적용하는 연습과 습관이 필요하다.

어렵고 힘들고 일이 잘 안 풀릴수록 나를 돌아보고 나를 지켜야 한다. 일이 중요하기는 하지만 일이 내 인생에 전부는 아니다. 내가 할 수 있는 일과 잘하는 일이 있다. 내가 못 하는 일에 애를 써서 평균이 되려 하지 말고 내가 잘하는 일에 더 집중하며 성과를 내고 싶다.

남들이 바라보는 나는

☆

오늘 주제는 남들이 바라보는 나다. '남들은 나를 어떻게 생각할까?'는 매우 어려운 주제고 조심스럽다. 남들에게 나는 어떤 사람인 것 같냐고 물어보기가 쉽지는 않다. 쑥스럽기도 하고 부정적인 이야기가 나올까 두려운 마음도 있다.

나는 첫인상이 좋아 보이려고 나름대로 연습을 좀 했다. 거울도 많이 보고 웃는 연습도 많이 했다. 덕분에 처음 만나는 사람들에게는 인상이 좋다는 말을 자주 듣기는 한다.

최근에 참석한 쿰라이프게임즈 2기 발대식에서 내 첫인상으로 '웃는 모습이 매력적이다, 자상할 것 같다, 젠틀하다, 다정하다, 눈웃음이 사람을 편하게 해준다.' 등의 이야기 들을 들었다.

모두 내가 되고자 하는 나의 모습이라 신기했다. 사람은 자신이 마음속에 그리는 사람이 된다는 말이 진짜임을 실감했다. 내가 되고 싶은 모습을 처음 만나는 사람들에게 들었기 때문이다. 역시 인생의 위대한 말들은 다 진리다. 사람은 자신이 되고자 하는 사람이 된다는 진실 말이다. 인생 참 신기하다.

5장

내 기분을 좋게 하는 방법

나를 동물로 비유한다면

✳

　동물에 관심이 별로 없어서 아내에게 물어보았다. 나를 동물로 비유한다면 뭐 같냐고? 아내는 잠시 생각하더니 기린이라고 말했다. 왜 그러냐고 하니 마르고 키가 크고, 조용하기도 하고, 정적인 면이 그렇다고 한다. 듣고 보니 맞는 말 같다. 내 키는 180이고 몸무게는 70 정도이니 마른 편이다. 그리고 혼자 있을 때나 사람들과 같이 있을 때도 조용조용한 편이다. 말을 많이 하는 것보다 남의 이야기를 듣는 것이 편하다. 그리고 활발하게 여기저기를 돌아다니는 편이 아니다.

　큰 기대 없이 물어봤는데 의외로 잘 맞아서 놀랐다. 개인적으로 호랑이가 참 멋있다는 생각이 든다. 줄무늬가 멋있기도 하고 강인한 모습이 마음이 든다.

　세상이 변해서 야생 동물 같은 강인함은 필요가 없는 세상이지만 나를 지키고 가족들을 지키기 위해서는 때론 호랑이처럼 강인해야 한다는 생각도 든다. 그리고 강인함은 정의하기 나름이다. 때론 부드러움도 강인함이 될 수가 있다. 부드러움과 유연함 말이다. 흐르는 물이 강하듯이 유연한 사고가 때론 가장 강하다는 생각을 해본다.

아이들에게 해주고 싶은 말은

✳

　오늘의 주제는 '아이들에게 주고 싶은 말은 무엇인가?'다. 40년을 살면서 내가 가장 크게 깨달은 것은 '나'의 존재이다. 오랜 시간 여러 가지 상황과 환경으로 인해 내 인생에 나라는 존재가 없었고 나를 모르고 살았다. 나의 존재에 대한 자각과 인식이 없었다.

　그러다 인생의 벽을 만났을 때 알게 되었다. 내 문제는 내가 나를 모르기 때문이고 변화의 핵심은 나를 아는 것이었다. 나를 알려면 나에게 질문하고 관찰을 해야 했다. 내 몸과 마음, 생각과 감정들을 바라보며 알아야 하고 내가 어떤 사람인지, 무엇을 좋아하는지. 어떤 인생을 살고 싶은지 질문을 해보고 그것을 글로 써보아야 한다.

　배운 대로 내 마음에 질문과 관찰하고 매일 글을 썼다. 나를 알고 싶고 행복한 인생을 살고 싶어서다. 조금씩 의식의 중심에 남에게서 내게로 옮겨감이 느껴지고 내 안의 내가 보이기 시작했다. 그러자 조금씩 많은 것이 달라지기 시작했다.

내 마음과 내가 원하는 것이 보이기 시작했다. 그동안 나마저 몰라주고 외면해서 힘들어하고 무서워서 떨고 있는 내 안의 내가 보였다. 많이 힘들어하고 있는 내가 보였다. 내 마음을 내가 돌보지 않고 알아주지 않고 듣지 않았다.

너무너무 미안했다. 용서를 구하고 감사하다고 하고 사랑한다고 해주었다. 힘들게 한 시간만큼 앞으로 내가 나를 지켜주고 내 말을 잘 듣고 영원한 내 편이 되어 나를 사랑해 주겠다고 다짐했다.

세상에서 가장 소중한 존재가 바로 나임을 알았고 내가 내 인생의 주인공임을 알았다. 내가 나를 사랑해야 함을, 한 번뿐인 소중한 내 인생을 오직 나를 위해 살아야 함을 알았다.

아이들에게 말해주고 싶다. 세상에서 가장 소중한 존재는 바로 너란다. 네가 네 인생의 주인공이야. 남의 이야기가 아닌 네 마음의 소리를 들으며 인생을 살길 바란다. 후회 없는 인생을 살기 위해서 오직 너를 위해서 살기를 바란다. 너를 위해서 살고 너를 위해서 일을 하기를 바란다. 자기 자신을 가장 소중히 하고 사랑하기를 바란다.

내 감정의 변화는

✳

　오늘 주제는 내 감정의 변화다. 요즘 내 감정은 어떠한가? 솔직히 말해서 좋지 않다. 아니 나쁘다. 살면서 고민 없는 사람은 없겠지만, 내가 너무 심각하게 생각하고 있는 것인지도 모르지만 요즘 힘이 많이 든다. 사회생활을 하면서 요즘만큼 힘이 드는 적은 없었던 것 같다. 능력이라고 표현하는 것이 맞는지 모르겠지만 점점 자신이 없어진다.

　회사에서 오래 수록 받는 월급이 많아질수록 회사에서는 기대와 책임감이 커지게 마련이다. 그만큼 성과를 내야하고 내가 맡은 바 책임을 다해야 한다. 하지만 나의 개인적인 문제인지 시대의 흐름인지 실적은 점점 나빠지고 있고 힘이 빠지고 있다.

　막막하고 두렵다. 내 일과 길이 아닌가 하는 생각도 든다. 하지만 한편으로는 한 집안의 책임자로 다른 대안이 없고 현실이라는 벽에 이러지도 저러지도 못하는 상황에 더 답답하다. 감정을 바라보며 이런 나의 마음을 위로하고 싶다. 이런 시련이 분명 나에게 어떤 의미가 있을 것이다. 의미를 찾아보고 생각해보자.

내 내면의 목소리는

✳

오늘의 주제는 '내 내면의 목소리에서 지속적으로 들려오는 게 있나요?'다. 정말 후회 없는 인생을 살고 나를 위한 인생을 나답게 살기 위해서는 내면에 있는 마음의 소리를 잘 듣는 것이 중요하다. 바쁜 일상에서 나를 잃어간다는 느낌을 받을 때가 많이 있다.

나라는 존재는 한 집안의 가장이고 아내의 남편이고 아이들의 아빠이다. 직장에서는 한 부분을 책임지고 있다. 나의 수많은 역할을 충실히 하면서도 진정한 나의 존재 가치와 의미를 생각해 볼 필요가 있다.

나는 누구의 누구이기 전에 나이기 때문이다. 오랜 시간을 '나'라는 존재를 모르고 살았기에 나라는 존재가 참으로 애잔하게 느껴진다. 글을 쓰고 있는 지금도 나를 생각하면 마음이 뭉클해진다. 요즘 내 마음에 들려오는 소리는 '힘들다'다. 사회생활을 하면서 요즘처럼 일이 잘 안 풀리고 무엇을 어떻게 해야 할지 모르겠다는 생각이 든 적이 없다.

분명 변해야 하고 새로운 돌파구를 찾아야 하는데 잘 보이지 않아 답답하다. 해결되지 않는 일들이 계속 쌓여만 가는 느낌이다. 일이 점점 커진다는 느낌이 든다. 일이 많아서인지 꼼꼼히 분석하고 신중하게 일들을 마무리 짓지 못하고 있다는 생각도 든다.

나중에 어떻게 되더라도 지금에는 충실해야 한다. 나로 인해 다른 사람들에게 손해와 피해를 줄 수는 없다. 모든 것의 시작도 나이고 모든 것의 마무리도 내가 되어야 한다. 분명 찾고 또 찾다 보면 길이 보이고 방법이 보일 것이다.

나를 믿고 나의 능력을 믿고 세상을 믿어 보자.

내가 가진 것들

✳

 오늘 주제는 지금 내가 가진 것들에 감사하기다. 내가 가진 것들은 셀 수 없이 많다. 하지만 내게 집중하지 않으면 내가 가진 것들이 보이지 않고 느껴지지 않을 것이다. 그래서 나의 몸과 마음에 집중하고 나를 관찰해야 한다.

 내가 가진 것들은 무엇일까? 나는 내 몸과 마음을 가지고 있다. 몸과 마음이 곧 나다. 내 몸과 마음은 온전한 나의 자유다. 내가 원하는 대로 움직일 수 있고 내가 원하는 대로 생각을 할 수 있다. 이보다 더 크게 감사할 일이 있을까?

 인생을 살다 보면 힘든 순간이 많아 온전한 내 존재를 잃어간다는 느낌이 들 때가 많다. 잘 보이기보다 나로 보이는 것이 중요하다. 나라는 존재는 남들과는 다른 세상에 단 하나뿐인 온전한 나이기 때문이다. 이 세상에서 진짜 나로 살아가는 기쁨보다 더 큰 기쁨은 없다고 나는 생각한다.

나를 표현할 수 있는 3단어

✳

오늘 주제는 나를 표현할 수 있는 3가지 단어다. 나라는 사람을 어떤 단어들로 표현할 수 있을까? '나연구소 소장' '글쓰기 전문가' '자기 발견 전문가'라고 말하고 싶다.

다분히 미래지향적이고 희망 사항이 섞인 단어들이다. 나는 직장생활을 10여 넘게 했고, 지금 직장도 10년째 다니고 있다. 하지만 나는 단순한 직장인이었고 전문성 있는 직업인이 되지 못했음을 느끼고 있다. 원인은 제한적인 업무와 나의 관심과 노력 부족 등일 것이다.

지금부터라도 전문가가 되고 싶고 나만의 사랑하는 직업을 찾으려고 한다. 2년 전부터 나를 알고 싶고 운을 쌓고 싶고 돈이 좋아하는 부자가 되고 싶어 블로그에 매일 글을 쓰기 시작했다. 매일 글을 쓰며 나의 자의식이 강해짐을 느낀다.

그전까지는 내 인생의 주인으로 살지 못했고 늘 다른 사람을 의식하고 살았다. 매일 스스로 질문하고 답을 찾아보고 글을 쓴다. 매일 글을 쓰다 보니 나에게 집중하게 되고 조금씩이지만 내가 보이기 시작했다. 그러다 내 안에서 문득 '나연구소'라는 말이 떠올랐다.

매일 글을 쓰며 나를 찾다 보니 나를 생각하고 나를 연구하는 것 같았고 나연구소라는 말이 어떤 운명처럼 느껴졌다. 지금은 그냥 블로그 이름뿐이지만, 이 이름이 내 사업이 되고 직업을 될 날을 상상해 본다.

매일 글을 쓰며 다양한 관심과 주제가 생각났다. 처음엔 그냥 일기처럼 일상과 생각을 적기 시작해서 지금은 10개가 넘은 카테고리가 생겼다. 아직은 전문가라는 단어를 붙이기는 이르지만 글쓰기 전문가가 되고 싶다.

오랜 시간을 나를 모르고 살았다. 성격적 환경적으로 나보다 남을 항상 의식하며 살았고 좋은 사람, 착한 사람이 되어야 한다는 고정관념이 강했다. 그러한 생각들이 매일 글을 쓰며 나에게 집중하며 바뀌어 갔고 나를 아는 것이 그 무엇보다 중요하고 내 인생의 주인공임을 알게 되었다.

그 경험과 깨달음으로 나는 자기 발견 전문가가 되고 싶다. 아직은 이르지만, 나는 '나연구소 소장' '글쓰기 전문가' '자기 발견 전문가'를 꿈꾼다.

내 이름 3행시

✳

내 이름으로 3행시를 적어본다.

우 우아하고 멋있게 살아가자
경 경하야
하 하늘 아래 땅 위에 가장 소중하고 귀한 존재는 나 자신
이다. 나는 나를 사랑해

조금은 쑥스럽기도 하다. 그래도 재미있다. 이 세상에 내 이름
만큼 소중하고 귀한 이름은 없다. 내가 내 이름을 아끼고 사랑하
자.

나를 힘들게 하는 것들

✳

　오늘의 주제는 '나를 지치고 힘들게 하는 것들'이다. 요즘 내 몸과 마음은 많이 힘들다. 모든 것이 나의 책임임을 알기에 더욱 그런 것 같다. 요즘 회사에서 매출이 많이 떨어져서 분위기가 좋지 않은데 내가 맡고 있는 업체들의 매출이 작년보다 많이 떨어져서 걱정이 많다.

　이럴수록 더욱 일에 집중하고 방법을 찾아야 하는데 그 방법을 몰라 답답하다. 신규 거래처를 더욱 다니고 기존 업체들에서도 매출이 떨어지는 원인을 분석하고 매출 늘릴 방법을 찾아봐야 하는데 요즘은 일에 잘 집중이 되지 않는다.

　평생직장이 없는 세상에서 더 늦기 전에 나만의 일과 직업을 찾아야 한다는 마음이 크다. 시간이 빠르게 지나고 있어 마음이 조급해진다. 어영부영 아무런 준비 없이 2~3년 흘러가 버린다면 정말 내가 원하는 자유롭고 행복한 제2의 인생을 살지 못할 것이라는 불안감이 크다.

　이러한 상황에서 지금 일에 올인해서 더욱 악착같이 매달리는 것이 옳은지 아니면 새로운 인생을 준비하는데 더욱 시간을 내어서 하는 게 맞는지 솔직히 아직도 잘 판단이 서지 않는다.

지금 맡는 일도 너무 버겁고 힘이 들기 때문이다. 회사의 기대를 따라가기가 만만치 않고 이 길이 진짜 나의 길이 맞나 하는 생각도 자꾸 든다.

한 직장에서 10년이 넘게 일했지만, 전문가가 되지 못한 상황이 내 마음을 더욱 아프고 힘들게 한다.

과거가 어찌 됐든 중요한 건 바로 지금부터다. 항상 모든 것의 시작은 지금부터이고 나부터이기 때문이다. 지금부터라도 과거로부터 배우고 반성하고 이제부터 소중한 시간을 의미 있는 시간으로 만들어 가자.

힘이 든다고 불평만 하고 부정적인 생각에 머물러 있을 수는 없다. 나는 항상 앞으로 나아가야 한다. 세상에서 가장 소중한 나와 단 한 번뿐인 귀한 나의 인생을 위해서.

내 기분을 좋게 하는 방법

✳

오늘 주제는 '지치고 무기력할 때, 내 기분을 좋게 하는 방법이 있다면?'이다. 나는 지치고 힘들 때 어떻게 내 기분을 좋게 하고 있을까? 한동안은 지치고 힘이 들 때 담배를 피웠다. 담배를 피우며 잠시나마 힘듦이 사라지기를 바랐다. 하지만 그 방법은 오히려 나를 더욱 힘들게 하는 미련한 행동이었다.

아까운 돈을 낭비했고 나의 몸을 상하게 했다. 집중력과 기억력을 떨어지게 했고 호흡을 짧게 했으며 몸에서 냄새를 나게 했다. 무엇보다 1년 넘게 금연했는데 다시 담배를 피움으로 나 자신의 자존감을 떨어지게 하고 주변 사람들에게 좋지 못한 이미지를 심어주었다. 이제 다시 금연을 결심했다.

일단 지치고 힘이 들면 잠을 많이 잔다. 걱정이 많으면 잠도 잘 안 오긴 하지만 잠만큼 사람의 피로를 풀어주는 것이 없는 것 같다. 그리고 감정의 해소를 위해 내 마음에 집중하고 내 감정을 블로그에 글로 써본다. 내 마음을 내가 알아주고 글로 쓰다 보면 감정과 기분이 해소됨을 느낀다.

나는 성격적으로 남들에게 내 감정을 잘 표현 못 하는 사람이었다. 내 감정을 들여다보지 못했고 내 감정을 알려고 하지 않았기 때문이다. 하지만 매일 글을 쓰면서 내 안의 내가 보였고 감정들이 보이기 시작했다.

내가 내 마음을 알아주지 않아 힘들어하고 무서워서 떨고 있는 내가 보였다. 내가 보이자 그동안 무심했던 행동을 알게 되었고 그것에 대해 용서를 구하고 사과했다. 앞으로는 내가 나의 마음을 알아주고 들어주고 인정해 주고 사랑하겠다고 약속했다.

심리 상담이라는 것도 결국은 힘들어하는 사람의 이야기를 들어주고 그 사람의 마음을 어루만져 주는 것이다. 내가 힘들고 지칠 때 내 마음을 알아주고 힘들고 지친 마음을 나 스스로 위로해 준다면 그 힘듦은 분명 줄어들고 다시 앞으로 나아갈 용기가 될 것이다.

내 기분을 좋게 하는 방법은 결국 내가 내 마음을 알아주고 들어주고 내가 내 마음을 안아주고 어루만져 주는 것이다. 내가 나를 안아주고 사랑해 주리라.

나의 멘토와 스승

✳

    오늘 주제는 기억에 남는 멘토나 스승이다. 변화와 성장을 꿈꾸었다. 만나는 사람이 바뀌면 인생이 바뀐다는 것을 알았다. 그리고 기적처럼 신기하게도 주변에 그동안 만나지 못했고 알지 못했던 멋있고 신비한 사람들이 많이 생겼다. 나는 그들을 보며 배우고 영향을 받았고 새로운 세상을 보았다.

    그들은 모두가 나의 멘토이자 스승이다. 제일 기억에 남는 분은 내가 내 인생의 주인공임을 알게 해주고 나 자신에게 집중하게 해주신 분이다. 그분은 그동안 알아 왔던 상식과는 반대가 되는 매우 중요한 진리를 깨닫게 해주었다.

    진리는 남이 아닌 나에게 있음을, 밖이 아닌 내 안에 있음을, 없는 것이 가장 많은 것임을 나에게 알려주었다. 그리고 매일 글을 쓰는 것이 운은 쌓는 것임을 일깨워 주었고 나를 생산자이자 메신저의 길로 안내해 주었다. 내 인생은 그분을 만나기 전과 후로 나뉜다.

    그 후로 유튜브와 습관 코칭으로 경제적 시간적 자유를 이룬 분, 사업가, 작가, 강사, CEO, 대표, 코치 등 그동안 알지 못했던 수많은 분을 알게 되고 만남으로서 새로운 세상에 눈을 떴고 지금도 계속 눈을 떠가고 있다.

직접적으로 알지는 못하지만, 온라인상에서 좋은 영향력을 끼치는 수많은 분을 알게 되었다. 그분들의 영상과 강의를 들으며 배우고 깨닫고 새로운 시각을 가진다.

이 모든 것이 나에게는 너무도 신기하고 고마운 일들이다. 아직 내 역량과 에너지가 완전히 바뀌지 않았기에 때론 현실과 이상과의 괴리감으로 힘들 때도 있다. 하지만 속도보다 방향이 중요하다고 생각한다.

시간이 걸리고 가는 길에 많은 장애물이 있겠지만 나는 그분들을 보며 마음의 방향을 정했다. 느리지만 한 걸음씩 나아가고 있다. 이 길의 끝에 무엇이 있을지 너무도 기대된다. 마음이 설렌다.

6장

삶의 기쁨을 찾았나

삶의 기쁨을 찾았나

오늘 주제는 좋아하는 영화다. 최근에 본 영화 중에 기억에 남는 영화는 '버킷리스트'라는 영화다. 죽음을 앞둔 두 할아버지가 남은 생을 후회로 마감하지 않기 위해 그동안 하고 싶었지만, 하지 못했던 일들을 종이에 적어 하씩 실천해 보는 이야기를 그린 영화다.

영화를 보면서 내 인생을 돌아보았다. 먹고살기 위해 직장을 다니다 보니 생활이 매우 단조롭다. 출근해서 늦은 시간에 퇴근하고 주말에는 장을 보고 집안일을 하거나 가끔 놀러 다니거나 쉰다. 평생직장이 없는 세상이기에 제2의 인생을 준비해야 한다는 것을 알고 있다. 그러기 위해선 시간이 필요하다. 사람을 만나야 하고 공부해야 한다. 배우고 싶은 것들이 너무나 많다. 문득문득 하고 싶은 것들, 배우고 싶은 것들이 생각이 날 때가 많다. 그때마다 삶이 바쁘고 몸과 마음에 여유가 없어 그냥 생각으로 그치는 경우가 많다.

그리고 시간이 지난 뒤에 후회한다. 익숙한 일상을 벗어나기 위해선 많은 용기가 필요하다. 그래도 지금은 예전보다 성격적인 면이 많이 바뀌어서 하고 싶은 일들을 다는 아니어도 할 수 있는 범위 내에서 조금씩은 해보고 있다. 전자책도 써보고, 지금처럼 매일 글을 쓰고, 가끔 이지만 주말에 짬을 내어 강의를 들으러 다니고 있다.

하지만 아직 많이 부족함을 느끼고 배움과 성장에 갈증이 난다. 세상에는 배우고 싶은 것들, 만나고 싶은 사람들이 너무나 많다. 한때는 배우는 것을 직업으로 삼고 싶었다.

성장학교라는 학교를 만들어서 나처럼 배움에 목마른 사람들과 1주일 내내 배우며 수익을 내는 생각을 해본 적도 있다. 사람이 모이면 강사를 초빙해서 배우고 나는 배우면서 수익을 내는 것이다. 생각만으로도 너무나 설렌다. 내게 필요하고 내가 좋아하는 것을 배우며 돈을 벌 수 있다니.

영화의 대사가 오래도록 기억에 남는다. "삶의 기쁨을 찾았나?" 죽기 전에 신이 물어보는 질문이라고 한다. 난 내가 원하는 무언가를 배울 때 삶의 기쁨을 느낀다. 바쁜 일상 속에 기쁨을 느끼기 어렵다. 하루의 시간 중에 배움을 늘려 삶의 기쁜 시간들을 늘리고 싶다. 내 삶의 기쁨은 배움과 공부 그리고 성장이다.

물건 찾아주는 어플

오늘 주제는 일상생활 속에서 불편한 점들을 찾아 보고 해결할 수 있는 아이디어를 적어보기다. 지금 나는 집에서 글을 쓰고 있다. 집에 있다 보면 필요한 물건들이 참 많다. 자주 사용하는 물건도 있고 가끔 사용하는 물건도 있다.

자주 사용하는 리모컨 같은 것도 있고 가끔 사용하는 손톱깎이 같은 것도 있다. 성격이 꼼꼼하고 집 안 정리를 잘하는 사람이라면 물건들의 자리를 정해 놓고 그 자리에 두면 찾는 데 어려움이 없겠지만 많은 사람이 그렇지 못한 것 같다.

우리 집만 해도 물건들이 많지만, 정리가 잘 안되어 있고 지정된 장소가 없다 보니 찾느라고 시간과 애를 쓰는 경우가 많다. 그래서 드는 아이디어가 스티커에 센서를 부착해서 물건에 붙여 놓고 그것을 인식할 수 있는 어플이 있다면 물건을 찾기가 편할 것 같다. 어플을 켜면 집안의 지도가 나오고 센서가 부착된 제품의 위치가 나오는 것이다. 그러면 물건의 위치를 바로 알 수 있을 것 같다.

행운아라고 느끼는 순간

오늘 주제는 내가 행운아라고 느끼는 순간이다. 내가 운이 좋다는 생각이 들 때는 언제일까? 여러 가지가 있다. 나에게 있는 것들과 없는 것들에 대해서. 좋은 것들이 있는 것에 대해 나쁜 것들이 없는 것에 대해서.

오랜 시간 나를 모르고 살다가 나에게 집중하기 시작했다. 매일 글을 쓰며 내 마음 깊은 곳을 들여다보기 시작했다. 나를 조금씩 알아가고 있고 내 인생의 주인공으로 살아야 한다는 것과 세상에서 가장 소중한 존재가 바로 나임을 알았다. 이것을 안 것이 지금까지 살아오면서 가장 행운이라는 생각이 든다.

그동안은 나보다 남을 먼저 생각하고 살았다. 내 생각과 감정보다 항상 남의 기분을 먼저 살피고 살았다. 착한 사람 좋은 사람 콤플렉스가 심했다. 그렇게 살다 보니 마음과 가슴이 항상 답답했다. 내 인생에서 나라는 존재를 느끼고 인식하기 시작했기에 나는 정말 행운아다.

힘들었지만 소중했던 기억

　오늘 주제는 그땐 힘들었지만, 지금 생각하면 소중했던 기억이다. 문득 스치는 기억은 군대 시절의 기억이다. 남자들이면 누구나 군대라는 곳은 힘들었던 곳일 것이다. 낯선 환경과 힘든 훈련들로 인해 몸과 마음이 힘든 곳이기 때문이다.

　하지만 그곳도 사람 사는 곳이기에 인정이 있고 친구가 있고 때론 소소한 재미가 있다. 시간이 지날수록 그 생활도 적응이 되고 익숙해진다. 훈련소 시절은 모두 동기이고 서로 의지하고 지내기에 힘들어도 동기들 간에 끈끈한 정으로 이겨낸다.

　자대 초반엔 많이 힘들었다. 강원도 화천의 민통선 안에 부대가 있었는데 뭐 이런 데가 있나 싶을 정도로 적응이 안 됐다. 1년 동안 GOP에서 근무했다. 철책 넘어 북한을 바라보며 많은 생각을 했다. 그곳에서 보는 사계절 모습은 참으로 아름다웠다.

　특히 여름의 초록과 눈 덮인 산속 풍경은 한 폭의 그림 같았다. 함께 고생하고 울고 웃던 그 시절의 전우들은 지금은 무엇을 하고 지낼까. 언제 한번 만나서 술 한잔하고 싶다.

나에게 주고 싶은 선물은

　오늘 주제는 나에게 주고 싶은 선물이다. 이 세상에서 가장 소중한 존재가 바로 나라는 사실을 머릿속으로는 잘 알고 있지만 바쁜 현실 속에서 잊고 사는 경우가 많다. 힘들고 어렵고 외로운 인생을 하루하루 잘 견디며 살아 있는 나 자신이 때론 안쓰럽고 대견하다. 이런 나에게 어떤 선물을 주면 좋을까?

　우선 드는 생각은 맛있는 음식, 좋은 책, 휴식 등이 생각난다. 하지만 이런 것들은 잠시 기분을 좋게 하는 것들이라는 생각이 든다. 무언가 근본적이고 본질적인 선물을 주고 싶다. 인생에서 가장 많은 시간을 보내는 것인 일에 대해서다.

　사람은 특히 남자는 일을 통해서 돈을 벌고 인생의 보람과 가치도 느낀다. 나도 그렇지만 대부분의 사람이 그저 학교 졸업하고 취직해서 돈을 벌고 살아간다. 그런 과정에서 자신이 정말 원하는 일을 하지 못하는 경우가 많다.

　여러 경험을 해 볼 수 없는 환경에 놓여있기에 정말 자신이 원하고 좋아하고 잘하는 일을 찾기가 어렵다. 하지만 그런 환경 속에서도 누군가는 끊임없이 자신을 돌아보고 다양한 도전과 시도 속에 정말 자신에게 맞고 좋아하는 일을 찾는다. 그 일을 열정적으로 하면서 여유 있고 재미있는 삶을 살고 사람들에게 좋은 영향을 끼치며 살아가는 사람들도 분명히 있다.

요즘 내가 간절히 바라는 것은 언젠가는 나와야 하는 직장보다, 남의 눈치를 봐가며 그저 혼나기 싫어서 하는 일보다, 평생 할 수 있고 내가 정말 사랑하는 나의 일, 나만의 직업을 찾는 것이다. 아침에 눈을 떴을 때 일하러 가는 것이 가슴 설레고 오늘 만날 사람들 생각에 즐거운 마음이 드는 그런 사랑하는 일을 나에게 선물로 주고 싶다.

지금의 현실이 힘들어서 도망을 가고 피하는 것이 아니라 정말 내가 원하는 길을 당당히 걸어가고 싶다. 그것이 내가 나에게 줄 수 있는 가장 큰 선물이 될 것이다. 사랑하는 나의 일을 찾아 주는 것 말이다.

내 인생의 명언은

오늘 주제는 내 인생의 명언이다. 누군가 나에게 말했다. "당신이 우주의 주인공입니다." 그전까지 나는 내 인생의 주인공이 아니었고 내 인생에 나라는 존재에 대한 자각과 인식이 없었다.

아무 생각 없이 그저 하루하루 흘러가는 대로 인생을 살았고 내가 아닌 남들을 바라보며 살았다. 몰랐기 때문이다. 내가 내 인생의 주인공임이고 내가 이 세상에서 가장 소중한 존재라는 것을. 내가 인생의 주인공임을 알게 해주신 분을 만나고 나의 인생이 많이 바뀌었다.

내 마음의 소리를 들어야 한다는 것을 알았고 나를 알아야 한다는 것을 알았다. 내가 무엇을 좋아하고 무엇을 싫어하는지 내가 어디에 가치관을 두고 살아가는지 알아야 한다고 했다. 그리고 매일 글을 쓰라고 했다. 매일 글을 쓰는 일이 운을 쌓는 일임을 알려주었다.

배운 대로 매일 글을 쓰기 시작하며 많은 것이 바뀌었다. 인식의 중심이 밖에서 안으로 들어오기 시작했고 남에게서 나에게로 옮겨 왔다. 그동안 보이지 않았던 나라는 존재가 보이기 시작했고 나라는 사람이 보이기 시작했다.

내 생각 마음 감정이 보이기 시작했다. 인생이 새롭게 느껴지기 시작했고 많은 것이 바뀌기 시작했다. 남은 인생을 어떻게 살아야 하는지 생각이 많아졌다.

생각이 바뀌니 행동이 바뀌고 만나는 사람이 바뀌기 시작했다. 그동안 보이지 않던 새로운 세상이 조금씩 보였다. 내 인생의 주인공으로 사는 길이 때론 많이 힘들기도 하다.

하지만 오랜 시간 남의 인생을 살아오며 내가 원하지 않는 길을 가고 있음을 알았다. 힘이 들어도 내 인생의 주인공이 되어 헤쳐 나 갈 것이다.

나는 우주의 주인공이니까!

필요했던 무언가가 갑자기
나타났던 경험은

오늘의 주제는 필요했던 '무언가가 갑자기 나타나서 놀랐던, 기분이 좋아졌던 경험은 무엇인가요?'다. 인생을 살다 보면 의도하지 않게, 운이 좋게도 어떤 일이 생기는 경험을 할 때가 있다. 삶의 재미와 묘미이기도 하고 덤 같은 것 말이다.

우리 인생은 바로 앞도 무슨 일이 일어날지 알 수가 없다. 그래서 두렵고 어렵기도 하고 더욱 설레고 재미가 있기도 하다. 생각해 보면 많은 일들이 그런 것 같다. 사랑하는 아내를 만난 것부터 일을 하면서 생기는 다양한 일들 말이다.

지금 나에게 일어나는 모든 일이 그러하다. 내가 내 인생의 주인공임을 알려준 사람을 만난 것, 매일 글을 쓰는 것이 운을 쌓는 일임을 알게 된 것, 지금의 내 일이 내가 원하는 일이 아님을 알게 된 것, 새로운 사람들을 만난 것 등. 내 인생에서 생기는 수많은 일들이 내가 씨앗을 뿌린 일들도 있겠지만 삶이 나에게 주는 것들도 많은 것 같다. 필요할 때 필요한 것이 나타나니까 말이다.

내 최고의 능력은

오늘의 주제는 '내가 가진 능력 중에 가장 최고라고 생각하는 능력은 무엇인가?'다. 내가 가진 능력 중에 최고는 무엇일까? 왠지 능력이라는 말에 조금은 어색하고 막막한 느낌이 든다. 능력이 무엇일까라는 질문에 선 듯 답이 안 떠오른다.

내가 잘하는 것은 무엇일까? 얼마나 잘해야 잘하는 것일까? 일단 모든 것은 내 생각이 우선이기에 내 생각을 적어보자. 나는 내 마음의 소리와 남의 마음의 소리를 들으려고 노력한다.

오랜 시간 나는 내 마음의 소리를 듣지 못하고 살았다. 이제서야 조금씩 내 마음의 소리를 들어보고 있다. 내 마음이 힘이 드는지 즐거운지 알아차리고 느껴보고 있다.

모든 것은 균형과 조화가 중요하다. 오랜 시간 내 마음의 소리는 듣지 못하고 남의 소리만을 듣고 살았다. 그러다 보니 항상 가슴이 답답했고 진짜 내 인생을 살지 못했다.

매일 글을 쓰며 내가 우주의 주인공임을 알았고 나 자신이 세상에서 가장 소중한 존재임을 알았다. 내 마음의 소리를 들어보니 다른 사람의 마음의 소리도 조금씩이지만 들리는 것 같다. 내 마음을 느껴보려고 애를 쓰듯이 상대방의 마음도 느껴보려고 애를 쓴다.

'자기 자신을 사랑하는 사람이 가장 지혜롭고 현명한 사람이다'라는 말이 생각이 난다. 자기 마음의 소리를 듣고 자신을 사랑할 줄 아는 능력이야말로 최고의 능력이라는 생각이 든다.

내 몸과의 대화

오늘의 주제는 내 몸의 일부와 자유로운 대화를 해보는 것이다. 몸이 참 중요하다는 것을 알고 있지만 여러 가지 이유로 인해 내 소중한 몸을 힘들게 하는 경우가 많은 것 같다.

잠시의 괴로움과 현실 도피를 위해 담배를 피우는 것, 술을 마시는 것 등이다. 1년 넘게 끊었던 담배를 다시 피우고 있다. 나 자신이 왜 이런지 나도 잘 모르겠다. 생각이 바뀌고 행동이 바뀌어서 담배를 끊었는데 스트레스라는 나 스스로 만든 핑계와 이유로 다시 담배를 피우는 내 모습이 답답하고 안쓰럽기도 하다.

오늘 대화해보고 싶은 내 몸의 입이다. 요즘 들어 부쩍 심해진 이빨을 가는 버릇이다. 아랫니 가운데서 다섯 번째 이빨이 안 들어 들어가서 혀에 닿아서 신경이 많이 쓰이고 그것 때문인지 심리 상태인지 어느 순간부터 이빨을 가는 버릇이 심해졌다. 고치고 싶은데 잘 안되어서 무섭기도 하고 답답하다.

"이빨아 요즘 많이 불편하고 신경이 쓰이지. 음식을 먹을 때 주로 왼쪽으로 많이 씹어서 턱이 사각턱이 되어가는 건 아닌지 걱정이 되기도 해. 치과를 가 봐도 별다른 수가 없다고 하니 너의 문제가 아니라 심리적으로 불안해서 생기는 습관, 버릇 같기도 해"

"마음이 불편하고 불안하고 계속 긴장이 되니 나도 모르게 습관적으로 이빨을 자꾸 갈게 되는 건 아닌가 하는 생각도 들어. 아무튼 참으로 미안하고 또 미안해. 너를 아끼고 이해하고 챙겨주어야 하는데 아프게 해서 정말 미안해. 이런 나를 용서해주겠니. 감사해 그리고 사랑해."

"네가 있어서 맛있는 음식도 먹고 말도 할 수 있다는 것을 잘 알아. 항상 고맙게 생각해. 아직은 방법을 잘 모르지만 나도 노력할게. 너를 힘들게 하지 않으려고 노력할게."

미안해 용서해 감사해 사랑해.

돌아가고 싶은 날은

오늘 주제는 '타임머신이 있다면 돌아가고 싶은 날은 언제인가'다. 잠시 과거로 돌아가서 그때의 감정을 느껴보고 싶은 순간은 언제일까? 아니면 후회되는 순간으로 가서 상황을 바꾸어 보고 싶을 때는 언제일까? 문득 아내와 연애하던 시절이 생각이 난다. 가슴이 뜨거웠었고 마음이 설렜다.

평소의 나는 여자와 가까운 사이가 아니었다. 어릴 때 내성적이어서 여자들을 만나면 말을 잘 못했다. 그래서 여자를 많이 사귀어 보지 못했다. 그러다 운명처럼 지금의 아내를 만났다.

아내는 내 인생의 빛나는 보석 같은 존재다. 내 인생이 빛이 나기 시작했다. 운이 좋은 것일까? 복을 받은 것일까? 평소 이상형이라고 생각하는 그런 모습이 딱 맞는 여자를 만났다. 외모, 성격, 분위기, 생활력 등 거의 모든 것이 내가 상상하던 그 모습 그대로였다. 너무나 신기하고 감사했다. 아내를 만나고 내 인생이 많이 달라졌다. 그저 그런 내 인생이 아내를 만나서 모양이 갖추어져 가는 느낌이 들었다. 지금도 가끔 아내와 연애하던 그 시절을 생각하면 마음이 흐뭇해진다

7장

나의 감정과 마음

나의 완벽한 휴식은

✳

오늘 주제는 완벽한 휴식이다. 요즘의 나는 지쳐있다. 회사의 일이 갈수록 어려워진다. 10년에 넘었지만 특히 힘들다.

일도 많아지고 책임도 커졌지만 내 능력이 그에 못 미치는 것 같아 힘이 든다. 무엇이 문제일까? 요즘 집중력과 기억력이 많이 떨어졌다. 사람들에게 같은 질문을 여러 번 하는 경우가 많고 무엇을 들어도 기억 속에 오래 남아있지 않다.

휴식이 필요한 걸까? 진정한 휴식이란 나의 몸과 마음의 상태가 평화로운 상태일 것이다. 몸의 긴장을 풀고 힘을 빼고 싶다. 긴장하면 손에 땀이 난다. 낮에 일하다 보면 이런저런 생각들이 많아 어디에 하나 온전히 집중하기가 어렵다.

몸과 마음을 좀 더 관찰하고 알자 주자. 내 몸과 마음에게 괜찮다고 모두 잘될 것이라고 말해 주고 싶다. 그동안 잘해왔고 앞으로도 잘해 나갈 것이라고. 나는 나를 사랑하니까.

100억이 생긴다면

*

　오늘의 주제는 '100억 복권에 당첨된다면 가장 먼저 하고 싶은 일은 무엇인가?'다. 100억은 너무나 큰돈이라 감이 잘 안 온다. 하지만 아무리 큰돈이라도 관리하지 않고 쓰다 보면 언젠가는 모두 사라질 것이다. 순간적으로 집을 살까? 차를 살까? 이런 생각도 해본다.

　문득 [엄마, 주식 사주세요] 책이 생각났다. 그래서 주식을 사야겠다. 돈은 항상 유지되고 불어나야 한다. 평범한 사람이 부자가 되는 길은 회사를 만들거나 주식을 사는 일이라고 한다. 주식을 사고 난 다음엔 배움에 투자하고 싶다.

　나에게 필요한 강의를 들으러 다닌다. 물론 회사는 그만둘 것이다. 명상과 요가, 스피치, 목소리 강의, 마음 강의, 경제 강의, 1인 지식기업 강의 등 배울 수 있는 것은 무엇이든 배우고 싶다. 그동안 학교 다니고 회사에서 일만 하며 너무 인생을 재미없게 살아왔다. 무언가 새로운 것을 배운다는 것은 생각만으로도 마음이 설렌다. 나는 항상 배움에 갈증난다.

지금 나에게 필요한 것은

*

오늘의 주제는 '지금 나에게 필요한 것은 무엇인가'다. 요즘 나는 흔들리고 있다. 내 인생이 흔들리고 있고 생각과 마음이 흔들리고 있다. 흔들리는 것이 나쁜 것은 아님을 안다. 쉽게 흔들려야 쉽게 부러지지 않는다는 말도 있듯이 말이다.

하지만 분명 무언가 다른 관점이 필요하다. 지금의 나는 자존감이 많이 떨어져 있다. 이런 나에게 위로와 관심과 사랑이 필요하다. 물론 내가 부족한 부분을 알고 좀 더 노력도 필요할 것이다. 내가 무엇 때문에 힘이 들고 어려움을 겪는지 정확히 알고 그 부분을 해소하기 위해 노력해야 한다.

이대로 계속 무기력하고 우울감에 빠져서 아까운 시간과 인생을 낭비할 수는 없다. 사랑하는 나, 아내, 엄마, 아이들을 위해서라도 이젠 깨어나야 한다. 더 늦기 전에. 하지만 가장 중요한 것은 나다. 이럴수록 나를 더욱 아끼고 위로하고 감사하고 사랑이 필요하다. 지금 나에게는 감사와 사랑이 필요하다.

나답다고 느끼는 순간은

*

오늘 질문은 '나답다고 느끼는 순간은 언제인가?'다. 이 질문이 어렵게 느껴진다. 2년 넘게 매일 글을 쓰면서 나를 연구하고 나를 찾고자 했는데 아직 나다운 것이 무엇인지 바로 답을 찾지 못하고 있다.

나답다는 것은 내 생각대로 행동하고 선택에 대해 책임진다는 의미다. 인생을 나답게 살고 싶다는 생각은 많이 하지만 나다운 것에 대해 정의가 명확히 서지 않아서 어렵다.

나답다는 것의 정의를 굳이 남들과 다르다는 것에 초점을 맞출 필요는 없다. 남들과 같은 것은 나다운 것이 아니고 남들과 크게 달라야지만 나다운 것도 아니다.

그저 매 순간순간 내게 집중하고 마음대로 나의 뜻대로 행동해 보고 그것에 대한, 즉 나의 선택과 결과에 책임을 지려는 자세가 나다운 것이 아닐지 생각해 본다.

나에게 직업의 의미는

＊

오늘 주제는 직업의 의미다. 나에게 직업의 의미는 무엇일까? 그동안은 그냥 돈을 위해서 일했다. 먹고살아야 하니까! 깊에 생각하고 내가 정말 좋아하는 일이거나 언제까지 할 수 있을까? 이런 생각은 많이 못했다.

요즘 들어 회사 일이 힘들어지고 40이란 나이가 되고 보니 여러 가지 다른 생각들이 든다. 우선 직장이란 곳은 언젠가는 나와야 하는 곳이다. 내가 평생 다니고 싶어서 다닐 수 없는 곳이다. 언젠가는 나와야 하는 곳만을 바라보고 사는 것은 서글프다.

직장인 평균 은퇴 나이가 평균 50세 정도라고 한다. 50세 정도가 되면 대부분이 회사를 나오며 그때도 계속 자녀 부양을 위해 경제활동을 해야 한다. 대부분이 직장을 다닌 분들이 은퇴 후에 자기 전공을 살리는 경우보다 새로운 일들을 하며 어려움을 겪는 분들을 많이 본다. 배부른 소리일지 모르지만 정말 평생의 직업을 찾아 내가 좋아하는 일을 하며 인생을 즐겁게 살고 싶다!

직업을 가지려는 사람에게
조언을 해준다면

*

오늘의 주제는 '직업을 가지려는 사람에게 조언을 해준다면?'이다. 우선 내 이야기를 하자면 10여 년이 넘게 직장생활을 했고 지금도 하고 있다. 일하면서 미래를 계획해 보기는 쉽지 않았다. 회사에서 오래될수록 책임감과 부담감이 커짐을 느낀다.

그런데 세상은 달라졌다. 어릴 때 즉 우리 부모님 세대만 해도 평생직장이 있었고 직장이 한 사람의 인생을 책임져주었지만, 이제는 평생직장을 찾기 어려운 세상이다.

직업을 구하는 사람에게 해주고 싶은 말은 현실을 직시하라는 말을 해주고 싶다. 평생직장이 없는 세상이므로 직장을 구할 때 나중에 자신의 전문성을 살릴 수 있는 일 즉, 가급적이면 일을 배워서 나중에 독립할 수 있는 일을 찾으면 좋겠다. 전문성이 없는 일은 회사를 나오게 되면 전혀 새로운 일을 해야 하는 부담이 있다.

그리고 자기 적성을 알기는 어렵지만 될 수 있으면 자신을 관찰하고 자신에게 질문해서 자신이 좋아하는 일, 자신이 원하는 일을 찾았으면 좋겠다. 평생 할 수 있는 일, 자신이 좋아하는 일을 한다는 것은 큰 행복이다.

내가 중요하게 생각하는 것

*

오늘의 주제는 '내가 중요하게 생각하는 가치관, 신념, 철학은 무엇인가?'다. 가치관, 신념, 철학이란 내가 굳게 믿는 것이다. 내가 굳게 믿는 것은 두 가지이다.

'나를 알면 인생은 변한다' 그리고 '세상에서 가장 소중한 존재는 바로 나이다'다. 오랜 시간 나는 나의 존재를 모르고 살았다. 여러 가지 환경적인 이유로 나는 나를 모르고 살았고 나보다 남들의 마음과 감정을 먼저 살피고 살아왔다.

그렇게 살다 보니 좋은 사람, 착한 사람이라는 소리는 듣고 살았지만 내 마음은 항상 답답했다. 마음의 소리를 듣지 못했고 진짜 감정을 몰랐다. 마음의 소리를 들어야 한다는 것을 몰랐고 나 자신이 세상에서 가장 소중한 존재임을 몰랐다.

누군가 말했다. "당신이 우주의 주인공입니다 우경하님" " 마음에 집중하고 매일 글을 써보세요.매일 글을 쓰는 일은 운을 쌓는 일입니다." 그때부터 매일 글을 쓰며 나를 알아가기 시작했다. 그리고 나의 존재를 깨닫고 느끼게 되었다.

나처럼 나를 몰라서 답답하고 힘이 든 사람들, 자신보다 남을 먼저 배려하고 희생하는 것이 미덕이라고 생각하는 사람들, 자신의 마음보다 남의 마음을 생각하느라 정작 자신을 돌보지 못하는 사람들에게 이야기하고 싶다. 세상에서 가장 소중한 존재가 바로 자기 자신임을 몰라서 힘들어하고 싶은 사람들에게 말해 주고 싶다.

　　당신에 우주의 주인공입니다. 나를 알면 인생은 변합니다. 세상에서 가장 소중한 존재는 바로 당신입니다. 자신을 사랑하세요.

　　자기 사랑이 가장 위대하고 자신을 사랑하는 사람이 가장 지혜로운 사람입니다.

상상 속의 하루

✱

오늘 주제는 상상으로 쓰는 하루 일기다. 내 미래의 하루를 적어보는 것이다. 벌써 생각만으로도 흐뭇한 미소가 지어진다. 6시에 눈을 뜬다. 아침에 일어나서 가볍게 스트레칭과 명상을 한 후 책상에 앉는다.

앉아서 30분 정도 독서를 한다. 그리고 1시간 정도 글을 쓴다. 블로그에도 글을 쓰고 집필 중인 책도 쓴다. 그리고 30분 정도 동네 산책을 한다. 걸으며 몸과 마음에 집중한다.

8시경 가볍게 아침을 먹고 출근한다. 같이 일하는 분들과 차를 마시면 가볍게 담소를 나누고 9시부터 일을 시작한다. 나는 하루 4시간만 일한다. 나머지 시간은 배우고 공부하고 사람을 만나는 시간이다.

4시간 동안 사람들을 만난다. 나를 알고 싶어하고 나를 찾고자 하시는 분들이 계속 나를 찾아온다. 나는 개인 상담과 강의를 하며 세상에서 가장 소중한 존재가 바로 나임을 전파한다. 그리고 점심을 먹는다. 점심을 먹고는 배움의 시간이다. 나연구소에서는 다양한 강의와 프로그램들이 이루어진다.

세상을 살아가는 데 필요한 현실적인 강의들이 주를 이룬다. 몸과 건강에 대해서 그리고 마음공부 하는 법을 배운다. 블로그 등 SNS 마케팅을 배우고 발성, 발음, 스피치, 발표 모임을 한다.

그리고 독서 모임을 한다. 오후는 다양한 프로그램들을 요일별로 운영하며 함께 배우고 공부한다. 나와 같은 배움을 원하시는 분들과 같이 배우고 공부하고 나눈다.

배우면서 수익을 얻는다. 이후 7시경이면 집으로 돌아와 아내와 아이들과 맛있는 저녁을 먹는다. 아내와 함께 운동을 한다. 산책도 하고 달리기도 한다. 내 깨달음을 세상에 전하고 내가 배우고 싶은 것을 배우면서 돈도 번다. 더 나은 내가 되고 싶은 사람들과 함께하는 시간이 너무도 즐겁다.

한 분야의 전문가가 되어 내가 배운 지혜, 가치, 깨달음을 세상에 전파한다는 것, 생산자가 되고 메신저가 된다는 것은 생각만으로도 가슴이 뜨거워지고 마음이 설렌다. 나를 위해 일하고 나를 위해 사업을 하고 싶다. 평생 사랑하는 나만의 직업을 가질 것이다.

살면서 실행력이 좋았던 때

✱

오늘 주제는 '살면서 가장 실행력이 좋았던 때는 언제인가요?'다. 38살에 중반부터 매일 블로그에 글을 쓰기 시작했다. 글을 쓰면서 나에게 집중하기 시작했다. 내 안의 내가 보이고 생각과 행동 그리고 만나는 사람이 바뀌기 시작했다.

내가 원하는 것이 행복과 성공임을 알게 되었다. 성공하고 행복하려면 무엇을 해야 하는지 스스로 질문하고 생각하고 행동하기 시작했다. 변해야 한다는 것을 알았고 변하고 싶었다. 간절했다. 많은 책을 보기 시작했고 매일 글을 썼다.

내가 원하는 인생을 살아가는 사람들, 세상에 영향을 끼치는 사람들, 멋진 인생을 사는 매력적인 사람들을 만나러 다니기 시작했다. 사람들을 만나며 많은 것을 배우고 들었다. 그동안 나는 우물 안 개구리였다. 새로운 사람들을 만나며 새로운 대화를 나누고 들으며 나의 시야와 인생이 넓어짐을 느꼈다. 온라인과 오프라인에서 하는 다양한 프로그램들을 참가하기 시작했다. 지금도 그때의 열정이 생각이 난다.

70일간의 변화

*

내 이름으로 된 종이책을 내고 싶은 마음에 100일 게임에 참여한 지 벌써 70일이 되었다. 블로그 글쓰기와 나연구 프로젝트와 일정이 겹쳐 힘이 들기도 했다. 2년째 매일 글을 써온 나이고 글 쓰는 게 습관이 된 나이지만 피곤하고 술이라도 한잔 한날이면 며칠씩 글을 몰아서 쓰기도 했다.

파일에 모인 69개의 글을 보면 감회가 새롭고 든든한 기분이 든다. 시간이란 녀석은 너무도 빠르게 흘러간다. 무언가 흔적을 남기지 않으면 정말 허무한 기분이 들 정도로 빠르게 흘러가서 때론 허망함과 후회의 감정을 주기도 한다.

이렇게 책을 낸다는 목적을 가지고 매일 글을 쓰고 이것이 쌓여가는 것을 보는 일은 매우 의미가 있다. 무언가가 커지고 만들어지고 있다는 기분이 든다. 이런 기회 없이 혼자서 책을 쓴다는 것은 매우 힘이 들고 막막할 것이다. 하지만 혼자가 아니라 여럿이 함께하기에 지치지 않고 계속할 수 있다. 기대된다. 100일 뒤의 결과물이.

8장

함께 하고 싶은 사람은

다시 만나보고 싶은 사람은

✳

오늘 주제는 '지금까지 스쳐 지나간 사람 중 다시 만나보고 싶은 사람이 있다면?'이다. 생각나는 사람이 많다. 생각과 행동이 바뀌면서 그동안 만나지 못했던, 내 인생에 없던 신비하고 놀라운 사람들을 만났다.

예전엔 가족, 친척, 친구, 직장 동료들이 인생에 전부였다. 그러다 보니 보고 듣는 것에 한계가 있었다. 하지만 '만나는 사람이 바뀌면 인생이 바뀐다'는 것을 알고 나보다 나은 사람, 배울 것이 있는 사람, 매력적인 사람, 내가 원하는 인생을 사는 사람들을 만나러 다니기 시작했다. 다양한 직업의 사람들을 만나며 새로운 세상에 눈을 떴다.

사업가, 작가, 강사, 코치 등 그동안 내 인생에 없던 새롭고도 놀라운 사람들을 많이 만났다. 그들을 만나며 부러워도 하고, 감탄도 하고, 배우기도 했다. 하지만 나는 이상한 사람이다. 그런 사람들과 오래 연락하지 못한다, 만날 때 그때뿐이고 시간이 지나면 자연스럽게 연락을 안 하게 되고 멀어진다. 무엇 때문에 그런지 나도 잘 모르겠다.

제일 먼저 만난 분이 TBL 성공 클럽이라는 카페를 운영하는 분이다. 카페에서 관련 글들을 보고 이분이 성공과 목표, 그리고 책에 대해 지식과 관심이 많다는 것을 알았고 일요일마다 본인의 성장을 위해 무료로 모임을 개최한다는 것을 알게 되었다. 어느 일요일에 이분을 만나기 위해 경희대 민들레 영토로 갔다.

어떤 사람일까 매우 궁금했고 마음이 설렜다. 막상 만나보니 젊은 훈남이었다. 나를 포함해서 4명 정도가 모였다. 여자분 한 분은 자기가 생각했던 모임이 아니었다면서 금방 자리를 떴다.

우리는 자기소개를 하고 운영자분이 가지고 온 종이에 자신의 목표와 바라는 것 등을 적고 서로의 생각을 공유했다. 이후 각자 가지고 온 책 이야기를 했다. 그분에게 느낀 놀라운 점은 상대방의 장점을 매우 잘 캐치한다는 것이다. 나는 그분에게 '장점 발견자'라는 별명을 지어주었다.

그는 유튜브 채널을 운영하며 수익을 내고 있었고 습관을 고쳐주는 습관 코치였으며 주식으로 많은 돈을 벌었다. 회사 다니며 월급만을 바라보고 사는 나와 내 주위 사람들과는 너무도 다른 삶을 사는 사람이었다. 부럽고 큰 매력을 느꼈다. 한동안 꾸준히 모임을 하며 이야기를 나누고 많은 것을 배웠다. 지금은 잠시 연락이 닿지 않지만, 꼭 다시 만나고 싶다.

10년 전의 나에게 해주고 싶은 말은

✳

오늘 주제는 '10년 전의 나에게 해주고 싶은 말은 무엇인가요?'다. 10년 전이면 30살이다. 30살이면 결혼 초기고 지금 직장 2년 차에 큰 아이 정민이를 막 나은 시기다.

그때는 미래에 대한 걱정, 불안 없이 그냥 하루하루 열심히 살았다. 회사에 올인하고 회사 사람들과 많이 어울렸다. 일을 막 배울 때여서 일에 재미를 붙여갈 때였고 성장하는 것이 눈에 보였다. 큰애를 놓고 아이에게 많은 신경을 쓰기도 했다.

지금 돌아보면 그땐 하고 싶은 것이 많이 없었다. 어찌 보면 삶이 단조로웠다. 아침에 눈을 뜨면 회사, 집이 다였다. 지금은 배우고 성장에 갈증을 느끼지만, 그때는 그다지 공부에 열의가 없었고 미래에 대한 고민이 없었다.

지난 시간 후회는 없지만 다시 돌아간다면 새로운 것을 많이 해보고 싶다. 남는 시간에 아니 시간을 내어서라도 새로운 사람을 만나고 새로운 것에 호기심을 가지고 접해보고 싶다. 사람은 무한한 가능성의 존재다. 그 가능성이란 새로운 사람을 만나고 무언가 새로운 것을 해볼 때 비로소 보인다.

내 능력의 가치

✳

　오늘 주제는 내가 가진 능력의 가치 생각해 보기다. 내가 가진 능력이 무엇일까? 요즘의 나는 자존감과 자신감이 많이 떨어진 상태여서 능력이라는 말이 멀게 느껴진다.

　2년 동안 매일 글을 쓰면서 나에게 집중하고 나를 알아가고 있다. 그 과정이 너무 좋지만, 때론 다양한 삶의 어려움을 겪고 예상치 못한 여러 일들로 힘들기도 하다.

　매일 글을 쓰면서 수많은 질문을 했다. 질문과 글쓰기가 나에게 집중하고 나를 알아가는데 매우 유용한 도구임을 알았다. 오랜 시간을 나의 소중함과 존재감을 모르고 나보다 남을 더 의식하고 살던 내가 나의 소중함을 깨닫고 내가 인생의 주인공임을 깨달았다.

　사람들에게 말해주고 싶다. 나를 알면 인생은 변하고 당신이 당신 인생의 주인공이라는 것을. 내 능력의 가치는 모두의 나가 가장 소중한 존재라는 사실을 세상에 알리는 일이다.

나와 어울리지 않는 직업은

*

오늘의 주제는 나와 어울리지 않는 직업이다. 나와 어울리지 않는 직업은 무엇일까? 나와 맞는지 안 맞는지는 해보지 않고는 모른다. 군대 제대 후 서울로 올라와 몇 곳의 직장을 다녔다.

처음에 한 일은 동대문 두타에 있는 빵집에서 설거지와 반죽, 청소 등의 일을 했다. 한두 달 정도 하다가 고시원으로 오는 길이 교차로 신문에서 직업전문학교를 알게 되어 양천구 신정동에 있는 학교에서 실내디자인을 배웠다.

5개월 정도 다닌 후 신답역 근처에 있는 작은 인테리어 회사에 취직했다. 1년 정도 다녔는데 체력적으로 힘이 많이 들었다. 일이 많아서 한 달에 한 번 정도도 겨우 쉬었고 백화점 야간 공사가 많아서 밤을 새워 일하고 다음 날 출근을 하는 일도 많았다. 젊었지만 지속하기가 너무 힘들었다.

그다음 다닌 회사는 캐리어 자판기 회사였다. 걸어 다니며 슈퍼 등에 자판기를 판매하는 일이었는데 한 대도 팔지 못하고 그만두었다.

이후 유한킴벌리 대리점을 2년 정도 다니며 화장지 등을 배송하는 일을 했다. 그 당시 나는 먼지를 먹으려 무거운 화장지 등을 날랐는데 사무실에서 일하는 영업사원이 너무 부럽게 보였다. 옷도 양복을 입고 다니고 사무실에서 일하는 모습에 나도 영업사원을 해야겠다고 마음을 먹었다.

영업 쪽 일을 알아보다 신생 얼음 회사 영업사원으로 들어갔다. 하지만 그곳도 여러 이유로 오래 다니지 못했고 그 이후에 들어간 회사가 지금의 회사다.

초반엔 납품, AS 등의 현장 일을 주로 했고 지금은 업체 관리와 영업을 한다. 사람의 마음은 변덕이 심하다. 영업을 하다 보니 사람과 매출에 대한 부담과 압박이 심해서 요즘은 일반 관리직 직원들이 부러울 때가 있다.

몸을 쓰는 일을 할 때는 머리를 쓰는 직업이 부럽고 머리를 쓰는 일을 할 때는 몸을 쓰는 일을 하는 사람이 부럽다. 이제는 직장생활을 오래 했고 미래가 불안함을 깨달았기에 나만의 사업을 꿈꾸고 있다.

나에게 무엇이 어울리지 않는 직업인가?라는 질문에 제일 먼저 떠오르는 건 몸 쓰는 일이다. 이제는 체력도 예정 같지 않기에 몸을 쓰는 일은 어울리지 않는다. 이젠 세상에 가치 있고 진정으로 사랑하는 나만의 직업을 찾고자 한다.

무슨 일이든 할 수 있다면

✳

오늘의 주제는 '경제, 시간, 재능 등의 한계가 없다면 어떤 일을 하고 싶은가?'다. 바꾸어 말하면 무슨 일이든 할 수 있다면 무엇을 하고 싶은가?다. 아무것도 두렵지 않다면 나는 무슨 일을 하고 싶은가?

두렵지 않다면 하고 싶은 일은 사업이다. 오랜 시간을 직장인으로만 살아왔다. 직장인의 삶은 어찌 보면 안정돼 보이지만 평생직장이 없는 지금 세상에선 반대로 미래가 불안하다. 평생 할 수 있는 내 직업을 가져야 한다는 마음이 간절하다.

나는 어려서부터 말에 대한 불안함이 있다. 사람들 앞에서 말을 잘하고 싶은 마음이 크다. 오랜 시간 두려움에 표현을 못 하고 살아왔기에 사람들 앞에서 말하는 직업을 가지고 싶다.

사업, 나의 존재에 대한 가치를 알려 줄 수 있는 일, 사람들 앞에서 말하는 직업. 이러한 것들이 어우러진 나만의 사랑하는 평생 할 수 있고 세상을 아름답게 하고 사람들의 문제를 해결해 주는 그러한 일을 하는 사람이 되고 싶다.

내 삶의 짐

오늘 주제는 '지금 내 삶에서 홀홀 털어버리고 싶은 짐은 무엇인가?'다. 가능할지 모르지만 짐이라면 책임감이 아닐까. 한 집안의 가장으로 내 가족을 책임을 져야 하는 것이 남자와 가장의 책임이고 숙명이지만 때론 그 책임의 짐이 너무 무겁게 느껴진다.

나라는 사람은 한 집안의 가장, 한 사회인이기 이전에 온전한 나다. 아무것에도 구애받지 않고 온전한 나로 살아가고 싶다는 생각이 든다.

누구의 아내, 누구의 아빠, 한 직장의 소속이기 이전에 온전한 나라는 한 사람이다. 가끔은 아무것도 신경 안 쓰고 나를 위한 진짜 인생을 살고 싶다는 생각을 한다.

나의 꿈을 위해 나의 날개는 활짝 펴고 내 능력을 최대한 극대화해 최고의 내가 되고 싶다는 생각이 든다. 이기적일 수도 있고 불가능할지도 모르지만, 때론 정말 그러고 싶다.

나만의 위험, 경고 신호

*

오늘 주제는 나만의 위험, 경고 신호이다. 요즘 여러 가지 이유로 일에 집중을 못 하고 있다. 가끔 '내가 왜 이러지'라는 생각이 든다. 지금 하는 일을 10년 넘게 했는데 일이 너무 어렵다는 생각이 들고 낯설게 느껴진다.

원인이 무엇일까? 새로운 일에 대한 열망은 강한데 현실의 괴리감 때문일까? 아니면 어디 몸이 이상이 있는 것일까 어떤 심리적인 이유 때문일까? 끊었다가 다시 피우는 담배 때문일까?

잘은 모르겠지만 무언가 변화와 점검이 필요하다는 생각이 든다. 때론 바보가 된 건가 하는 생각이 들기도 한다. 앞으로 나아가야 하는데 자꾸만 뒤로 가는 기분이 들어 힘이 든다.

다시금 몸과 마음을 가다듬어야겠다고 나를 다독이고 마음을 잡아 본다. 하지만 방법을 잘 모르겠다. 지금의 나는 더 나은 내 내가 되기 위해 지금을 경험하고 있다고 생각하자.

남들이 보는 나의 장점은

*

오늘 주제는 남들이 보는 나의 장점이다. 옆에 아내가 있어서 아내에게 물어본다. 아내는 말했다. '평정심을 잃지 않는다.' '착하다.', '가정적이다.' '아이들과 잘 논다.' 등이다. 내가 생각하는 나와 다른 점이 많은 듯하다.

먼저 평정심이라고 표현했지만 요즘 내 마음은 불안과 두려움 그리고 혼란의 연속인데 아내가 보기엔 그렇지 않나 보다. 그리고 착하다고 한 부분은 내가 생각하기엔 우유부단하고 실행력이 부족하다는 생각이 드는 부분이다. 가정적이라고 한 부분은 나도 인정한다.

가급적 가족들과 많은 시간을 보내려고 애쓰기 때문이다. 아이들과 잘 논다고 한 말은 내가 인정하기 힘들다. 아이들과 잘 놀고 싶고 대화를 잘하고 싶어도 방법을 잘 모르겠다. 아이들과 대화하는 방법도 어렵다. 다른 사람에게 물어보아도 아내와 비슷할 것이라는 생각이 든다. 남들이 보기에 장점이라고 보이는 부분이 내가 보기엔 부족한 부분일 수 있다는 생각도 든다. 결론은 잘하고 있고 너무 남을 의식하지 말고 소신을 가져야겠다.

함께 하고 싶은 사람은

*

오늘 주제는 내가 미래에 함께하고 싶은 사람들이다. 지금 내가 주로 만나는 사람들은 가족, 직장동료들, 거래처 사람들, 친구들, 그리고 내가 원하는 삶을 살고 있는 사람들이다.

과거에는 가족, 친구, 일과 관련된 사람들이 전부였다. 하지만 2년 전부터 만나는 사람이 바뀌면 인생이 바뀐다는 것을 알게 되어 그동안 내 인생에 없던 새로운 사람들을 많이 만나고 알게 되었다.

나에게는 꿈같은 시간이었다. 대부분이 생산자들과 메신저들이었다. 사업가, 작가, 강사, 크리에이터, 유튜버, 코치들을 만났다. 그분들은 무언가를 만드는 분들이었다. 콘텐츠, 책, 사업, 서비스, 강의, 영상, 코칭 등을 만들었다. 그 사람들은 남들 앞에 당당히 자신을 드러내고 항상 새로운 것에 도전하고 개척했다.

사람들을 위해 계속 무언가를 만들어 내고 자신의 내면을 가꾸고 사람들의 문제를 해결하고 세상을 아름답게 만들기 위해 시간과 에너지를 쓴다. 그런 분들과 함께하면서 좋은 영향과 자극을 받고 계속 배우고 싶다. 나 또한 그런 사람이 되어 그분들에게 무언가를 줄 수 있는 사람이 되고 싶다.

회사에 가면 직장 동료들이 일이 힘들어서 한숨을 쉬거나 지치고 미래를 불안해하는 모습을 많이 본다. 나 또한 그러하니까. 사업을 하고 책을 쓰고 강의하는 사람들이라고 미래가 불안하지 않지는 않을 것이다. 그럴수록 더욱 꾸준히 자신의 실력과 몸과 마음을 갈고닦는다.

오랜 직장 생활로 나는 그동안 온실 속의 화초처럼 안전하고 편하게만 살아왔다는 생각이 든다. 이제는 나도 그분들과 함께 두렵지만, 아니 두려우니까 더 큰 세상으로 나아가고 싶다.

타산지석으로 삼은 사람들에게 배운 것들

*

오늘의 주제는 타산지석으로 삼은 사람들에게 배운 것들에 대해서 적어보기다. 타산지석이란 다른 사람의 말과 행동을 보고 자기 자신을 바라 보고 올바르게 만들어 감을 뜻한다.

사람들을 대하다 보면 기분이 상할 때가 있고 나는 저러지 말아야지 하는 생각이 들 때가 있다. 주로 자신이 무시당했다는 생각이 들 때 기분이 상한다. 본인은 나쁜 의도 없이 무심코 내뱉은 말이지만 듣는 사람의 심리 상태와 상황에 따라 나쁘게 들리기도 한다.

남들의 행동을 보며 나는 그럴 때가 없는지 생각해 본다. 사람의 행동과 말은 태도에 의해 많이 좌우된다. 사람을 대할 때는 상대가 곧 나라는 생각으로 나를 대하듯 대하면 실수가 조금은 줄어들지 않을까 생각해 본다.

9장

우리의 미래는 밝습니다

나만의 플랜 B는

□

오늘의 주제는 나만의 플랜 B다. 나의 다른 계획은 무엇인가? 10여 년이 넘는 시간을 직장인으로만 살았다. 모든 일에는 장점과 단점이 있다. 직장을 다니면서 많은 것을 배우고 성장했지만 지금의 나는 또 다른 차원의 성장과 변화를 꿈꾼다.

직장도 장점은 많다. 힘들어도 퇴근이 있고 주말이면 쉴 수 있다. 또 시간이 지나면 월급이 나다. 월급이란 정말 빠져나오기 힘이든 유혹이다. 하지만 나이 40이 되고 직장을 평생 다닐 수 없다는 것을 알게 되었다. 직장 이후 내가 정말 원하는 삶을 준비해야 한다.

구체적으로 무엇을 해야 할지 아직은 막연하지만, 나만의 가슴 뛰는 사업을 하고 싶다. 안전한 직장에서 온실 속의 화초처럼 살아왔기에 두렵기도 하고 막막하기도 하다. 하지만 가야 할 길이라는 확신이 계속 든다. 나를 위해서 살고 나를 위해서 사업을 하고 싶다. 세상에 도움이 되고 사람들을 행복하게 해주고 문제를 해결해 주는 그러한 사업을 하고 싶다.

나의 롤모델

□

오늘 주제는 롤모델이다. 내가 닮고 싶은 사람은 누구일까? 여러 사람이 생각이 난다. 실제로 나가 만나본 사람, 인터넷이나 영상으로 본 사람 등. 만나는 사람이 바뀌면 인생이 바뀐다는 것을 알고 많은 사람을 만났다. 제일 먼저 만난 사람은 버터플라이 인베스트먼트 신태순 대표다. 이분을 알게 되고 나에게 집중해야 한다는 것을 알았고 내가 내 인생의 주인공임을 알게 되었다. 그는 많은 사람에게 좋은 영향을 주며 인생을 바꾸어 주고 있었다. 누군가는 주인공으로 만들어 주는 매우 귀한 일을 한다.

나 또한 그중에 한 사람이었다. 이후 그동안 내 인생이 없던 더 많은 사업가, 대표, 강사, 작가, 코치들을 만났다. 이들에게 많은 것을 배웠다. 그들은 늘 성장하고 배우고 자신만의 콘텐츠를 꾸준히 만들고 있었다. 선한 영향과 도움을 주며 자유와 행복을 꿈꾸고 있다. 자신의 미래를 개척해 나가고 있었다. 닮고 싶었고 배우고 싶었다. 달라지고 싶었고 새로운 인생을 살고 싶다. 아직 갈 길이 멀고 현실의 벽이 크지만 내 마음속에 있으니 언젠간 싹을 피우리라 기대해 본다.

내가 한 최고의 사치는

□

오늘 주제는 내가 한 최고의 사치다. 사치라는 말은 긍정보다 부정의 의미가 강하다. 평소 나답지 않게 돈을 쓰고 여유를 부린 일은 무엇일까?

예전에 일상적인 일에 돈을 많이 썼다. 먹고 마시고 입고 노는 것 등 생활에 꼭 필요한 부분들이었다. 그러다 인생의 벽을 만났고 방황할 때 내 마음의 소리를 들어보고 내 마음의 소리에 집중해야 한다는 것을 알게 되었다. 감사하게도 그 말을 내가 필요할 때 해 준 사람들을 알게 되었다.

그들은 사람의 생각과 인생을 바꾸는 일을 하고 있었다. 사업과 창업에 대해서 새로운 눈을 뜨게 해주었고 내게 새로운 세상, 더 나은 내가 되는 길을 보여주었다. 그리고 생각과 믿음의 전환이 가장 중요하다는 것을 알려주었다.

그 회사는 창업과 사람을 말하지만 내 삶의 본질과 핵심을 깊이 깨닫게 해주었다. 나 자신의 소중함과 내가 내 인생의 주인공임을 알려주었다. 나는 그 회사에 110만 원이라는 나름 거금을 투자했다. 집사람은 이런 나를 이해하지 못했지만 나는 간절하고 절실했다.

그들은 나에게 미션을 주었다. 매일 글을 써보라고 했다. 내 생각과 마음을 관찰하는 글을 써보라고 했고 글을 쓰는 일은 운을 쌓는 일이라고 했다. 그 말을 믿고 매일 블로그에 글을 쓰기 시작했다. 매일 글을 쓰면서 진짜 나를 만났고 나를 알아갔다. 매일 글이 쌓이며 내 생각들이 쌓였고 사람이 쌓이기 시작했다.

많은 것이 변했다. 생각과 행동과 만나는 사람이 변했다. 지금은 잠시 주춤하지만 나에게 새로운 눈을 뜨게 해 준 것은 분명하다. 이것의 내가 한 최고의 사이이며 투자라는 생각이 든다.

지쳤을 때 나에게 주는 보상은

❑

오늘 주제는 내가 지쳤을 때 주는 보상이다. 요즘의 나는 많이 지쳐있다. 살면서 이렇게 지친 적이 있었나 싶을 정도다. 무엇이 문제인지도 잘 모르겠다. 오랜 한 일이 낯설고 어렵게 느껴지고 여러모로 혼란의 시기를 겪고 있다.

이 시기가 빨리 지나가기를 바라지만 방법을 몰라 답답하다. 몸과 마음의 피곤함을 많이 느끼고 현실에서 도피하고 싶은 마음이 들기도 한다. 이런 내가 나도 적응이 안 되고 어렵다. 롤러코스터를 타는 기분도 든다.

무언가 꼬인 매입을 풀어야 한다는 생각이 든다. 하지만 방법을 잘 모르겠고 악순환이 반복되는 기분이 든다. 다시 한번 변해야 하고 달라져야 한다는 생각이 든다. 지쳤을 때 주는 보상은 휴식이다. 잠을 많이 자고 무언가를 해야 한다는 압박을 벗어나 때론 아무것도 안 하고 빈둥거리고 쉬어보는 것이다.

나의 부모님

□

오늘 주제는 부모님이다. 누구나 그렇겠지만 엄마와 아빠를 생각하면 마음이 짠하다. 우리 엄마와 아빠는 시골 읍내에서 농사를 지으며 농약 장사를 했다. 그 시절은 누구나 어려운 시절이었다. 하지만 우리 집은 그나마 장사를 해서 그랬는지 형편이 그다지 나쁘지는 않았다.

내 고향은 유교문화가 강한 경상북도 안동이다. 장남으로 태어난 나서 어려서부터 많은 부담감과 책임감을 안고 살았다. 항상 착해야 하고 어른을 공경해야 한다는 말을 많이 듣고 자랐다. 그래선지 내성적이고 소심했다. 우리 부모님도 말수가 적은 편이었고 겉으로 표현을 많이 안 하시는 분들이었다.

그런 환경 때문에 생각과 마음을 잘 표현하지 못하는 성격이었다. 부모님과 속 깊은 대화를 하지 못했고 내 마음을 있는 그대로 표현하지 못했다. 그것이 지금도 많이 아쉬운 부분이다. 하지만 부모님들이 고생하시며 인생을 열심히 사는 모습을 보았다.

아빠는 내가 철없던 20살에 위암으로 돌아가셨다. 아버지가 아플 때조차 따뜻하게 손 한번 잡아주지 못했고 내 마음을 표현하지 못했다. 이런 내가 미웠고 답답했고 이런 내 성격이 나도 마음이 들지 않았다. 많이 후회가 된다. 아빠와 많은 정이 없었던 것 같다. 그래도 가끔은 아빠의 얼굴이 생각이 나고 그립기도 하다.

엄마는 고향에서 여전히 농약 장사를 하며 농사를 짓는다. 일을 좀 줄였으면 좋겠지만 여전히 일을 많이 해서 마음이 좋지 않다. 혼자서 자식 셋을 키우면서 고생을 많이 했는데 지금도 여전히 고생하고 있다. 내가 잘돼서 도움을 주어야 하는데 그러지 못해 마음이 아프다.

부모님에 대해 글을 쓰다 보니 마음이 짠해지고 엄마 아빠가 보고 싶다.

사랑한다고 문자 보내기

□

오늘 주제는 누군가에게 '사랑해'라는 문자를 보내고, 그 답변, 보낼 때의 생각, 보낸 후의 마음, 돌아오는 반응에 대해 적어보기다. 3명의 여인에게 카톡을 보냈다. 아내와 두 딸에게 보냈다. '사랑한다'는 같은 답변도 왔고, '갑자기 왜 그래?' 이런 반응도 있었다. 매일 보기에 어색하기도 하고 표현하게 익숙하지 않다.

사랑이라는 말이 남녀 간의 사랑보다 더 깊은 의미가 있음을 최근 들어서야 알게 되었다. 그중에서 가장 큰 사랑은 자기 자신을 사랑하는 것도 깨달았다. 오랜 시간 나를 모르고 내 마음을 외면하고 살다 나에게 집중하고 나를 돌아보기 시작했다.

내 안의 내가 보였다. 힘들어하고 있었고 울고 있었다. 그런 내 마음이 보이자 미안한 마음이 들어 용서를 구했다. 그리고 감사하다고 사랑한다고 말했다. 나를 사랑할 줄 아는 사람이 남도 사랑할 수 있는 사람이라고 한다. 나를 사랑하고 사람을 사랑하고 인생을 사랑하는 사람이 되고 싶다.

혼자 했을 때 가장 좋은 행동은?

❏

오늘 주제는 혼자 했을 때 가장 좋은 행동이다. 혼자 했을 때 좋은 행동은 무엇일까? 요즘은 한동안 보지 못했지만 혼자서 차분히 누워 책을 보는 것을 좋아한다.

책을 보고 있으면 마음이 편안해지고 몸과 정신이 풍요로워지는 기분이 들어서 좋다. 지식과 지혜가 늘어나는 기분이 든다. 몰랐던 것을 알아간다는 것은 그동안 보지 못했던 것을 보는 것이다. 사람은 아는 만큼 보인다고 한다.

배움은 경험에서도 얻고 사람에게도 얻고 책에서도 얻는다. 경험과 사람에게 얻는 배움도 중요하지만, 시간과 에너지를 생각할 때 책에서 얻는 지식과 지혜가 효과적이라는 생각이 든다. 시간을 내어 독서 모임 등에 참가해서 책에 대한 이야기를 갖는 시간을 가지고 싶어진다. 책을 좋아하는 사람들과 어울리고 배우며 더욱 깊은 내가 되고 싶다.

같이 했을 때 이룬 성과는

□

같이 했을 때 이룬 성과는 무엇일까? 아내와 아이들이 생각이 난다. 아내를 만나 새로운 세상을 만났다. 그동안 별 볼 일 없던 내 인생이 아내를 만나서 풍요로워지고 풍부해졌다. 우리는 연애를 했고 행복한 시간을 보냈다. 결혼을 하고 달콤한 신혼 생활을 보냈다.

그 성과로 정민이와 혜민이라는 천사같이 예쁜 두 딸을 얻었다. 아이들을 낳는 일은 혼자선 할 수 없다. 함께 해서 이룬 성과를 말할 때 제일 먼저 아내와 아이들이 생각났다.

앞으로 인생이 어떻게 될지 모르지만 이미 나는 많은 것을 이루었다는 생각이 든다. 때론 이룬 것을 지켜야 한다는 부담감과 책임감이 나를 힘들게 하기도 하지만 오히려 그렇기에 나를 바로 잡아주는 원동력이 된다. 나는 아내와 같이 힘을 모아 세상에 두 명의 생명을 탄생시켰다.

나의 꿈과 그 느낌은

□

나의 꿈에 대해서 적어보고 느낌을 나누는 시간이다. 꿈이라. 2년 전에 무자본 창업, 1인 기업가들을 만난 후부터 내 인생에는 많은 변화가 있었다. 마음의 소리를 들어야 한다는 것을 배웠고 내가 내 인생의 주인공임을 배웠고 매일 글을 쓰는 것이 운을 쌓는 일임을 배웠다.

그리고 만나는 사람을 바꾸면 인생이 바뀐다는 것을 알았다. 그때부터 그동안 만나지 못한, 내 인생에 없던 다양한 사람들을 많이 만났다. 작가, 강사, 대표, CEO, 코치, 유튜버 등등 그들은 모두 생산자였고 메신저였다.

그들은 끊임없이 배우고 성장을 위해 노력했으며 세상에 가치를 전하고 있었다. 나도 그들처럼 되고 싶은 꿈을 꾼다. 수동적이고 언젠가는 나와야 하는 직장인이 아니라 내가 사랑하는 일을 스스로 찾아서 만들고 나를 위해서 일하는 직업을 찾고 싶다.

평생 할 수 있는 나만의 일을 찾고 싶다. 그들처럼 되고 싶다. 아직은 어렵고 막막하지만, 반드시 그 길을 가고 싶다. 생각하고 믿고 쓴다면 분명히 이루어진다고 믿는다.

우리의 미래는 밝습니다

□

　미래에 대해 생각해 보는 시간이다. 미래라는 단어는 참으로 설레고 힘이 나는 말이다. 예전에 누군가가 나에게 말했다. "우리의 미래는 밝습니다"라고. 그 말이 참으로 마음에 들어 나도 자주 즐겨 쓰는 말이 되었다.

　우리의 시간은 과거 현재 미래로 이어진다. 지금 이 순간도 바로 과거가 되고 미래는 계속 다가온다. 미래를 결정하는 것은 바로 지금의 나다. 지금의 내가 무슨 생각을 하고 무슨 일을 하는지가 내 미래를 결정한다.

　그동안은 미래에 대해 막연하게 생각했다. 내가 인생에 대해 큰 그림을 그리고 훗날 꽃이 될 씨를 뿌리지는 않으면서 그냥 밝은 미래가 오리라는 희망만 가졌다는 생각이 든다. 준비는 하지 않은 채 말이다. 과거와 현재가 미래를 결정하는 것은 분명한 사실이다. 지금의 내가 마음에 들지 않는다면 과거를 돌아보면 되고 내가 원하는 미래를 만들려면 지금 무엇을 할지 신중히 생각하고 행동하면 된다. 미래가 희망이 되고 설렘이 되고 밝음이 되게 지금 생각해 보고 그림을 그려보자.

10장

상상만 해도 즐거운 일

상상만 해도 즐거운 일

상상만으로도 즐거운 일이라. 두 가지가 생각이 난다. 부자가 된 내 모습과 많은 사람 앞에서 마음을 울리는 강의를 하는 멋지고 자신 있는 내 모습이다. 미래가 불안한 직장인이 아니라 사업가가 되고, 자동화 시스템을 구축돼 있기에 내가 일하지 않아도 통장에 계속 돈이 들어온다.

하고 싶은 것은 하고 가고 싶은 곳은 가고 만나고 싶은 사람은 만나며 자유로운 인생을 산다. 돈을 벌기 위해 일하지 않는다. 배우고 공부하며 겸손하고 사람을 유익하게 하고 세상을 아름답게 하는 인생을 산다.

많은 사람 앞에서 신나게 강의한다. 내 삶의 경험과 지혜를 나누고 어려움을 겪고 힘들어하는 사람들에게 용기와 희망을 주는 사람이 된다. 사람들 앞에 서면 말을 잘 못하는 나이기에 사람들 앞에서 신나고 자신 있게 말하는 내 모습은 생각만으로도 멋있고 설렌다. 부자가 된 나의 모습, 강연가가 된 나의 모습은 상상만으로도 즐겁다.

산다는 건

❖

　오늘의 주제는 시고 제목은 '산다는 건'이다.

　산다는 건

　좋은 것이다. 좋은 사람들을 볼 수 있고 맛있는 음식을 먹을 수 있고 재미있는 것을 볼 수 있고 힘이 들면 쉴 수 있기 때문이다.

　산다는 건

　힘든 것이다. 하기 싫은 일도 해야 하고, 만나기 싫은 사람도 만나야 하고, 내 힘으로 안 되는 일에 좌절하기도 하고, 모르는 것이 두렵고 알 수 없는 미래가 불안하기 때문이다

　산다는 건

　모르는 것이다. 좋은지 나쁜지 모른다. 잘하고 있는지, 못하고 있는지 모른다. 내가 지금 어디에 있는지 어디로 가야 하는지 모른다. 내일 당장 무슨 일이 생길지 모른다. 산다는 건 그런 것이다. 산다는 건.

10년 뒤의 내가 지금의 나에게

❖

10년 뒤의 나는 50세다. 50세인 내가 40세인 나에게 글을 써 본다.

"40세의 경하야, 지금 너의 삶이 많이 힘이 들고 답답하다는 것을 잘 알고 있어. 일도 많이 힘들고 내 일이 맞나 고민되고 어떻게 살아가야 하나 등 걱정이 많다는 것도 잘 알아."

"지나고 나면 보이지만 그 당시에는 시야가 좁아서 많은 것을 보기 힘들다는 것도 잘 알고 있어. 내가 하고 싶은 말은 책에서 흔히 하는 이야기들과 다르지 않구나."

"너의 힘으로 안 되는 것에 너무 고민하고 힘 빼지 말고 좀 더 많이 웃고 사람들과 더 많이 어울렸으면 좋겠다. 그리고 너 자신을 좀 더 챙기고 돌아보았으면 좋겠어. 지금 내 말이 잘 흡수가 안 될 수도 있다는 것을 알지만 때론 내려놓을 줄도 알았으면 좋겠다. 분명 잘하고 있고 잘될 거야. 너를 믿어."

나에게 나이란 무엇인가

❖

오늘의 주제는 나이다. 나이 이야기에 조금은 예민한 나이가 된 것 같다. 전혀 실감이 안 나지만, 아직 마음은 어리지만 내 나이가 벌써 40이 되었다. 마음은 아직 20대 30대인데 40이라는 나이가 잘 실감이 안 난다.

40이라는 나이에 무게와 부담이 느껴진다. 사회적인 책임도 있고 가정에서는 집을 책임져야 한다. 그러면서 나라는 존재도 생각하고 돌보아야 한다. 평균 수명이 80세 정도니, 인생의 절반을 살았다. 지나온 내 인생은 그저 바쁘게만 살아온 것 같다. 삶의 여유와 재미를 그다지 찾지 못했다.

30대 내 인생은 성장의 시기였다. 일을 계속하면서 결혼하고 아이들을 낳고 집을 늘려가고 차를 사곤 했다. 미래에 대한 큰 걱정이나 고민 없이 살았다. 하지만 30대 후반의 어느 시점에 열심히는 살았지만 행복하지 않음을 느껴 큰 혼란을 겪었고 아직도 그 시기를 지나고 있다.

시간은 정말 한순간도 쉬지 않고 빠르게 흘러간다. 하루 일주일 한 달이 너무 빠르게 흘러가 때론 무섭기까지 하다. 시간은 가는데 내가 무엇을 이루었는지 생각하며 힘이 빠지기도 한다.

어차피 가는 시간은 막을 수가 없다. 어제도 지금도 내일도 시간은 쉼 없이 계속 갈 것이다. 그렇다면 시간을 내 편으로, 나에게 유리하게 만들어야 한다는 생각이 든다.

40이라는 나이는 생각하기에 따라 많기도 하고 적기도 하다. 나보다 나이가 많으신 분들 앞에서 내 나이를 한없이 어리기만 할 테니 말이다. 시간이 빠르다고, 나이가 들었다고 불평하기보다 항상 마주하는 지금, 이 순간을 즐기는 사람이 되고 싶다. 사람이 살 수 있는 시간은 언제나 지금뿐이기 때문이다. 지금 내 나이는 많은 나이도 적은 나이도 아니다. 제일 젊고 살기 좋은 나이다.

그저 주어진 나의 나이를 인정하고 받아들이고 이 상황을 긍정적으로 바라보고 즐기며 누리며 살고 싶다. 나는 내 나이가 좋다. 과거에도 지금도 앞으로도.

내 남은 생에 지금이 제일 좋은 나이다.

나에게 쓰는 편지

❖

오늘의 주제는 나의 부모가 되어 나에게 편지 써보기다. '요즘 많이 지치고 힘이 들고 방황하는 너의 모습이 보이는구나. 나름 대로 열심히는 해보려고 하는데 방법이 잘 보이지 않고 무언가 답답함을 느끼고 있구나. 오랜 시간을 직장을 다녔는데 요즘처럼 의욕이 없어 보이는 적이 없어 나도 걱정이 된다.'

'무엇이 원인일까? 모든 것의 책임은 너에게 있고 지금의 너도 너 자신이 만든 것이야. 네가 살아온 매 순간순간의 선택이 너를 만들었다. 지금 네가 힘이 든다면 너의 선택이 무언가 잘못되었을 수도 있고 정말 네가 가야 할 길이 아니어서일 수도 있단다.'

'요즘 너무 멀리 온 것 같다는 기분을 느끼고 있구나. 발버둥 치는 너의 모습이 보인다. 인생은 정답이 없다는구나. 꼭 남들처럼 살아야 한다는 법은 없으니 너무 깊이 고민하지 말고 너의 몸과 마음을 잘 들여다보고 지켰으면 좋겠다.'

'하늘이 무너져도 솟아날 구멍은 있고 인생은 어떤 식으로든 흘러가는 법이니 말이다. 무엇이 좋은지 나쁜지 누가 아는가처럼. 좋아 보이는 것이 정말 좋은 것인지 나빠 보이는 것이 나쁜 것인지 누구도 알 수가 없단다.

'너무 고민만 하지 말고 삶의 재미와 기쁨을 찾아보고 정말 네가 원하는 것이 무엇인지, 네가 하고 싶은 일이 무엇인지를 찾아보았으면 좋겠구나.'

'그리고 너는 한 집안의 가장이니 힘들고 부담스럽지만, 책임감을 가지고 살았으면 좋겠구나. 너를 믿고 있는 아내와 아이들이 있으니 말이다. 하지만 항상 네가 먼저라는 사실은 잊지 말았으면 좋겠다. 결국은 네가 행복해야 세상도 행복하니까 말이다.'

'힘들어도 괜찮고 흔들려도 괜찮다. 세상과 삶이 너를 믿고 지켜줄 거야. 사랑한다. 아들아.'

다음 생에 가지고 가고 싶은 3가지

❖

오늘 주제는 다음 생에 가져가고 싶은 3가지는 무엇인가?다. 그것은 지금 생에 가지고 있는 것일 수도 있고 아닐 수도 있을 것이다.

생각나는 것은 지금의 나 자신, 아내와 아이들, 그리고 세상을 바라보는 긍정적인 시각이다. 인생을 살면서 가장 중요한 것은 무엇보다 나 자신이다. 나의 몸과 마음과 내 존재에 대한 사랑과 관심이 가장 중요하다.

아내와 아이들. 다음 생이 아니라 그다음 생이라도 내 인연으로 함께 하고 싶다. 그리고 세상을 바라보는 긍정적인 시각이다. 인생은 생각하기 나름이고 마음먹기 달려있다.

삶이 힘든 것은 힘들다고 생각하기 때문이다. 세상은 음과 양의 조화로 이루어져 있다. 밝음이 있으면 어둠이 있다. 양면성이 존재하기에 어떻게 생각하고 어떻게 바라보는가에 따라 달라지는 것이 우리 인생이다. 바라보는 대로 모든 것이 이루어진다.

내가 생각하는 가장 중요한 가치는

❖

오늘 주제는 내가 생각하는 가장 중요한 가치다. 가치라고 하면 생각나는 말들이 많다. 사랑, 깨달음, 자유, 평화, 행복, 돈, 감사, 만족, 여유, 성장 등이 우선 생각난다. 이 모든 가치를 느끼고 누리며 사는 것이 참다운 인생이라는 생각이 든다.

이 중에서 우선순위를 둔다면 사랑, 평화, 깨달음이다. 사랑이라는 가치의 의미를 모르고 살다 나를 연구하고 나에게 집중하면서 사랑의 참가치를 깨달았고 그중에 자기 사랑이 가장 위대한 사랑임을 깨달았다. 사랑이 모든 문제 해결의 핵심이라고 생각한다.

평화도 호오포노포노를 비롯한 다양한 마음공부를 하면서 평화의 의미가 감사 안정 행복 등을 포함한 큰 의미라는 것을 알게 되었다. 행복하고 여유 있고 즐겁게 살면 평화로 간다. 깨달음이란 몰랐던 것을 알게 되는 것이다. 인생에 다양한 즐거움과 희열이 있지만 그중에 가장 좋은 것은 몰랐던 것을 알게 되는 깨달음이다. 나는 늘 인생의 가치들을 우선순위에 두고 소중한 내 삶을 다채롭고 보람차게 살고 싶다.

인생의 마지막을 딱 일주일 앞둔 시점에

❖

오늘 주제는 '인생의 마지막을 딱 일주일 앞둔 시점이라면, 당신의 비석에 어떤 문구를 적고 싶은가?'이다. 마지막은 죽음을 의미한다. 죽음 앞에서 담담해지기는 쉽지 않다. 삶이 있다면 죽음이 있는 것이 당연하지만 죽음이란 아직은 멀게 느껴진다. 하지만 죽음이 현실임을 알고 있고 죽음이 존재하기에 삶이 더욱 빛나고 소중하다.

만약 1주일 뒤에 죽는다면 내 비석에 어떤 문구를 적으면 좋을까? 여러 가지 말들이 생각이 난다. 사랑, 필연, 삶과 죽음 등. 유독 사랑이라는 말에 눈이 멈춘다. 나를 사랑하고 사람을 사랑하고 인생을 사랑한 사람. 비석에는 '사랑하고 또 사랑하고'라는 말을 쓰고 싶다.

지난간 세월도, 내가 겪은 많은 경험과 감정들, 사람들, 나의 모든 시간과 공간들을 사랑으로 가득 채우고 싶다. 후회와 미련, 사랑하고 또 사랑하고 싶다. 모든 것을.

관객들에게 전할 메시지는?

오늘의 주제는 관객들에게 전할 메시지다. 내 앞에 수많은 관중이 내 이야기를 듣기 위해 모여 있다. 나는 그들에게 무슨 이야기를 해 줄 것인가? 내가 하고 싶은 이야기는 자기 자신에 관한 이야기이다. 인생을 살다 보면 많은 사람과 만남과 인연, 여러 일들, 문화와 환경적인 요인 등으로 자신을 알고 생각하기 쉽지 않다. 내 진짜 마음의 소리를 듣고 자신을 사랑하고 자신이 원하는 인생을 살기란 어려운 것이 현실이다.

나도 오랜 시간을 여러 가지 이유로 나를 모르고 살았기에 답답함을 많이 느꼈다. 매일 글을 쓰며 나에게 집중하다 보니 내 안의 내가 보이기 시작했다. 나를 안다는 것. 나를 사랑한다는 것은 참 어렵다. 그래서 평생을 두고 해야 한다.

우리는 더욱더 자신을 아끼고 인정하고 바라봐 주어야 한다. 누구나 외롭고 힘든 인생길이기 때문이다. 나 자신이 나의 가장 친한 친구가 되어 나와 함께 하고 나를 이해하고 알아준다면 힘이 나고 든든할 것이다. 우리 모두 자신을 알아주고 사랑합시다.

100일 게임 끝! 기분은?

❖

100일 게임이 끝이 났다. 홀가분하기도 하고 뿌듯하기도 하고 시원하기도 하다. 100일이란 시간 동안 무언가를 지속한다는 것이 참으로 힘들다는 것을 다시금 느낀다. 초반에는 하루도 안 밀리고 매일 글을 써왔지만, 어느 순간 며칠씩 몰아서 쓰는 내 모습을 보게 되었다.

일이 아니라 즐겨야 하는데 즐기기가 쉽지 않은 것 같다는 생각도 들었다. 하지만 어쨌든 해냈다. 내가 자랑스럽고 대견하다. 나에게 칭찬을 해주다. 중간에 지치기도 했지만 포기하지 않았고 100일을 완수했다.

100개의 글을 보며 내 생각과 마음이 많이 자랐을 거라고 믿는다. 나를 조금 더 알아가고 이해하는 시간이었다는 생각이 든다. 나중에 책으로 나와서 다시 읽어볼 때 어떤 기분이 들까 기대도 되고 창피할 것도 같다. 이렇게 또다시 인생의 한 페이지를 장식한다. 나와 내 인생의 모든 것을 사랑한다.

2019년의 에필로그

❖

나름대로 매일 글을 써왔기에 100일 동안 글을 쓴다는 것에 크게 부담을 느끼지는 않았다. 하지만 시간이 지날수록 바쁜 일상에 매일 아침 주어지는 프로젝트를 완수하기가 버겁게 느껴질 때가 있었다.

길게는 일주일 정도 글이 밀려서 애를 먹기도 했다. 하지만 끝까지 포기하지 않고 나만의 종이책을, 100개의 글이 모이자 뿌듯함과 해냈다는 성취감을 느꼈다.

매일매일 흘러가는 시간 속에 무언가를 만들어 냈다는 것에 스스로가 자랑스럽다. 혼자가 아니라 함께 하시는 분들이 있었기에 가능했다는 생각이 들고 함께 하신 분들께 감사의 말을 전하고 싶다.

에필로그

당신이 가장 소중합니다

어떤 일이든 시간 에너지 비용이 발생하기에 그 일을 왜 하는지, 스스로 목적과 의미를 찾는 것이 중요하다.

예전의 책을 다시 만들고 출판하는 나의 목적과 의미를 다시금 생각해 본다. 이 글과 기록은 한 사람의 삶에 대한 기록이자 성장 과정이다. 그리고 더 나은 나, 행복한 내가 되어가는 과정이다.

나에게는 과거의 나를 다시 만나 지금의 나와 미래는 만나는 시간이고 책을 보는 누군가에게는 과거의 나를 만나며 성장, 자기 발견, 희망의 시간이 되고 진짜 나 더 나은 내가 되어 한 번뿐인 소중한 인생을 후회 없이 행복하기 살아가는 데 도움이 되길 바란다.

부록

나연구소 명언과 질문

명언 1

당신이 가장 소중합니다

오랜 시간 '나'의 소중함을 모르고 살았다
그 이유는 나의 소중함과 가치를
몰랐기 때문이다.

이 세상에서 가장 소중한 존재는
언제나 당신 자신이다

내가 있어야 세상도 있고
내가 행복해야 세상도 있다.

명언 2

나를 알면 인생은 변한다

과거 내 인생의 화두는 '변화'였다.
달라지고 싶고
더 나은 내가 되고 싶었고
변화를 간절히 원했다.

생각 행동 만나는 사람들 바꾸었더니
서서히 인생이 바뀌기 시작했다.
점점 더 내가 원하는 모습을 보며
만족했고 기뻤다.
변화는 곧 성장이고
살아 있음이다.

명언 3

시간은 유한하고 우리는 무한하다

시간은 멈추지 않는다.

이것은 불변의 진리다.

우리에겐 죽음이라는

크나큰 선물이 기다리고 있고

우리의 시간은 유한하다.

중요한 것은 시간이 유한한 반면

우리의 잠재력 가능성은

무한하다는 것이다.

생각이라는 엄청난 힘과

행동이 더해진다면

우리는 원하는 모든 것을 이룰 수 있다.

명언 4

최고의 자기계발은 나다움이다

우리는 성장과 변화를 위해
자기계발에 많은 시간과 비용을 투자한다.
자기계발의 본질은 나다움이다.

내가 누구인지 무엇을 원하는지
스스로 명확히 아는 것이 중요하다.

무한한 성장은
깊고 깊은 우리 내면에서 시작된다.
최고가 되고 싶다면
나를 연구하자.

명언 5

매일 글을 쓰는 일은
나를 아는 일이다

나를 아는 방법에는 여러가지가 있다.
그중에서 가장 효과적이고
생산적인 방법은 글쓰기다.

글쓰기를 하다 보면
지금 순간에 머물게 되고
내 생각과 마음에 머물게 된다.

글을 쓰면 생각이 정리되고
내 생각과 마음이 보인다.
중요한 것은 꾸준함이다.

명언 6

매일 글을 쓰는 일은
운을 쌓는 일이다

나를 찾기 위해
2017년부터 블로그 글쓰기를 시작했다.
글을 쓰면서 내면과 외면이 성장했고
내가 원하는 삶을 살고 있다.
나는 깨달았다.

7녀간 매일 블로그에 써 왔던
1만개가 넘는 글과
글을 써왔던 내 행동들이
운이 되어
내 인생을 바꾸어 놓았다는 것을!

명언 7

하고 싶은 일만 하기에도
시간은 부족하다

죽기 전에 가장 많이 하는 후회는
하고 싶은 일을 못 한
것에 대한 후회다.

우리는 두려워서 용기가 없어서
돈이 없어서 눈치가 보여서 등
다양한 이유로 하고 싶은 일을
미루고 후회한다.

중요한 사실은 인생은 단 한 번뿐이고
시간은 유한하다는 사실이다.

명언 8

좋아 하는 사람만 만나기에도
시간은 부족하다

노트에 좋아하는 사람

만나고 싶은 사람들의 이름을 적어보자.

바쁜 일상 속에

이 사람들만 만나기에도 시간이

부족함을 알 수 있다.

싫고 불편한 사람들에게

소중한 우리의 시간 감정 에너지를

낭비하지 말고

좋아하는 사람들에게 집중하자.

명언 9

정상이 어디냐고 묻는다면
내가 있는 곳이 정상이다

인생은 생각하기 나름이고
모든 기준은 바로 내가 정한다.
어쩌면 우리는 이미 매우 많은
것을 가지고 있고 이루었다.

내가 가진 것, 이룬 것을 모른 채
더 높은 곳, 더 많은 곳만
바라보고 산다면 늘 우리는 불행하다.

이미 우리는 많은 것을 이루었고
충분히 훌륭하다.

명언 10

길이 어디냐고 묻는다면
내가 가는 곳이 길이다

나는 최전방 공격수다.

비바람 맞으며

가시덤불 헤치며 걸어갈 것이다.

뒤따라오는 사람들이

편히 따라올 수 있게!

내가 가는 곳에 곧 길이고

나는 길을 만드는 사람이다.

명언 11

자기 자신을 사랑하는 사람이
가장 지혜로운 사람이다

나에게 집중하고 나를 연구하면서
사랑의 참 의미를 깨달았다.
사랑을 인식하고 느끼면서
참으로 큰 평안함, 안도감을 느꼈다.

우리는 모두가 지혜로운
사람이 되고 싶어 한다.
나 또한 그러했다.
돌고 돌아 내가 깨달은 진실은
자기 자신을 사랑하는 사람이
바로 가장 지혜로운
사람이라는 것이다.

명언 12

자기 사랑이 가장
위대한 사랑이다

이 세상에서 가장
따뜻하고 좋은 단어를 꼽자면
단연코 '사랑'이라고 말하고 싶다.
사랑이란 모든 일에
치유 화해 용서 감사다.

세상 모든 것을 사랑하는 것보다
자기 자신을 사랑하는 일이
가장 거대하고 위대한 일이다.

명언 13

책은 보는 것이 아니라
쓰는 것이다

책은 보는 것이라고 생각했다.
책을 보며 많은 것을 배우고
성장했고 즐거웠다.
쓴다는 생각은 하지 못했었다.
그러자 내 인생을 바꾸어줄
새로운 사람들을 만났고

그들은 모두 책을 쓰고 있다.
생각과 행동이 바뀌어
작가와 책쓰기코치가 되었다.
그리고 깨달았다.
책을 볼 때보다 쓸 때
더욱 많이 성장한다는 것을.

명언 14

1인 기업이 가장 거대한
기업이다

회사를 퇴사하고 1인 기업가가 되었다.
우울한 직장인 시절 만난
내 인생을 바꾼 그들은
기존에 내 인생에 없던 사람들이었다.
그들을 보며 깨달았다.

내가 원하는 인생이 그곳에 있음을.
1인 기업의 가장 큰 장점은
가벼움, 스피드, 창의력이다
우리는 조직과 다수가 할 수 없는
많은 것을 할 수 있는
무한한 가능성을 지니고 있다.

명언 15

평화는 나로부터 시작된다

어느 순간부터 평화라는 말이
내 안에 크게 자리 잡았다.
나를 늘 평화를 추구하고 원한다.
우리가 바라는 평화는
멀리, 나중에 있지 않고
바로 이곳에 지금, 이 순간
내 안에 있다.

평화는 다른 누군가와
세상이 주는 것이 아니라
나 스스로 찾고 발견하고 만드는 것이다.
평화는 언제나 나로부터 시작된다.

명언 16

우리의 미래는 밝습니다

직장인 시절 누군가에게 받은 인사 문자에
적혀있었던 말이다.
이 말에 기분이 좋아지고 힘이 났다.
그리고 깨달았다.

우리의 인생과 미래는
다른 누군가가 만들어주는 게 아니라
우리 스스로가 원하는 미래를 그리고
만들어 가는 것이다.

그리고 그 미래는
매우 밝을 것이다.

명언 17

모든 것은 나를 위해 존재한다

우리가 인생을 살면서
경험하고 만나는 모든 것
때론 힘들고 어렵고 막막하고 두렵다.
하지만 그런 과정 속에서
우리는 많은 것을 배우고 깨닫는다.

세상에 이유 없는 일, 인연, 사건은 없다.
모든 것은 나를 위해
일어나고 존재한다.

명언 18

모든 것은 나에게 유리하다

모든 것은 어떻게
생각하고 바라보느냐에 따라 달라진다.
우리에게 일어나는
모든 상황과 환경은
내가 어떻게 정의하느냐에 달려있다.

불리하다고 생각하면 불리하고
유리하다고 생각하면 유리하다.
모든 것은 믿음과 선택이다
나는 유리한 쪽을 믿고 선택한다.

명언 19

시간은 가는 것이 아니라
오는 것이다

시간은 쉼 없이 흐르고
우리는 과거와 현재를 거쳐 미래로 간다.
우리는 시간과 공간 속에서 살아간다.
모든 성장과 변화에서 시간은 매우 중요하다.

시간이 간다고 생각하면
지나간 시간에
미련 후회 아쉬움이 생기지만
관점을 바꾸어서 온다고 생각하면
다가올 시간이 기대되고 설렌다.
우리의 시간이 오고 있다.

<u>명언 20</u>

당신이라는 빛나는
별을 봅니다

세상에서 가장 빛나는
별이 있다면 바로 사람이라는 별이다.
우리의 몸도
1초에 91억 번 진동하는 빛의 에너지로
이루어져 있다.

우리의 몸도 생각도 마음도
빛이고 빛난다.
우리는 어둠을 밝히는
밝은 빛이다.

명언 21

망설이는 시간이
가장 큰 비용이다

과거 오랜 시간을 망설여 왔다.
두려워서 자신이 없어서 용기가 없어서
시간이 지난 뒤 크나큰 후회가 밀려왔고
못난 나 자신을 자책했다.
이젠 안다

언제나 망설이는 시간이
가장 큰 비용이라는 것을
나는 더 이상 망설이지 않는다.
시간이 유한하고
우리는 무한함을 알기에.

명언 22

당신이 망설일 때 나는 이룬다

예전이 나는

나보다 더 잘나 보이는 사람들에게

열등감을 가지고 부러워하며 살았다.

이젠 무한한 자신감과 자존감을 가지고

이 세상을 살고 있다.

이젠 실행의 아이콘

무한한 추진력의 소유가 되었다.

이것에 내 성장의 비결이다.

명언 23

즐거움이 답이다

인생의 나침판은 바로
즐거움이다.
우리가 늘 주시해야 할 것은
우리의 마음이다.

우리가 해야 할 질문은
"나는 무엇을 할 때
즐거운가?"이다.

즐거움을 따라갈 용기만 있다면
우리가 바라는 모든
행복과 성장이 따라온다.

명언 24

대단한 사람보다
즐거운 사람이 되자

어느 순간부터
대단하다는 소리를 자주 듣는다.
기분 좋은 소리긴 하지만
나는 다짐한다.

나는 대단한 사람이 되기보다
즐거운 사람이 되길
원하고 선택한다.
즐거움이 답이니까.

명언 25

하기 싫어서 안 하는 일은 있어도 못하는 일은 없다

하기 싫은 일을 억지로
하는 것만큼 힘들고 괴로운 인생은 없다.
과거의 나는 진짜 내가 원하는 것을
몰랐고 용기가 없었다.

그랬기에 그저 묵묵히
세상이 원하는 일을 하며 살았다.
그 결과는 우울증과 과로 마음의 병이었다.
이젠 하고 싶은 일만 하며 사는 인생을 선택한다.

명언 26

시간이 아까워서 안 하는 일은
있어도 못하는 일은 없다

우리가 살면서
늘 지키고 아끼고 만들어야 할 것은
바로 시간이다.

시간이 있다는 것은
가장 큰 재산을 가진 것이고
지나간 시간은 그 어떤 수로도
되돌릴 수가 없다.

시간을 중요하게 여기며 살자.

명언 27

'아직'이 아니라 '이미'

'아직'이라는 말은 우리는 힘들고 지치게 한다.
반면 '이미'라는 말은 충만함과 편안함을 준다.
아직이라고 생각하면
우리는 더 많이 뛰어야 하고
지치게 마련이다.

이런 마음은 바닷물을 마시는 것처럼
우리에게 영원한 목마름과 갈증을 불러온다.

아직이 아니라 이미라고 생각하자
우리는 이미 많은 것을 이루었다.

명언 28

우리는 이미 충분히 훌륭하다

우리는 늘 나보다
남을 먼저 배려하고 자신을 낮추라고 배웠다.
겸손의 그림자는 낮은 자존감이다.
이 세상을 당당하고 자신 있게
살아가는 데 가장 필요한 것은
바로 자존감이다.

자존감이란 남이 주는 게 아니라
스스로 만드는 것이다.
우린 부족하지 않고 충분하다.

명언 29

모든 것은 내 안에 있다

우리가 바라는 모든 것은
우리가 창조한다.
그리고 우리가 바라는 모든 것과
그것을 이룰 수 있는 것은
우리 안에 있다.

그래서 우리는 우리의 내면을
바라봐야 한다.
관찰하고 질문하면서
우리 안에 있는 모든 것을
찾고 발견하고 이루어 가자.

명언 30

우리는 사실이 아닌 해석의 세상에 살고 있다

사실이 아니라 해석이 중요하다.

좋아 나쁘다, 많다 적다

행복하다 아니다.

이런 모든 판단은 우리 안에서 일어난다.

인생을 살면서 일어나고 만나는

수많은 일의 의미와 정의는

우리가 해석하는 대로 이루어진다.

명언 31

선택하고 책임진다

지금의 내 모습은 모두
우리 선택의 결과다.
선택이란 타인의 의지가 아닌
자신의 의지로 이루어진다.

선택하는 용기
책임지는 자세
이 두 가지 마음을 가진다면
인생을 멋지고
황홀하게 살 수 있다.

<u>명언 32</u>

진짜 나로 살아가는 황홀한 인생

어떻게 살고 싶나요?

이 질문에 나는 이렇게 답한다.

진짜 나로

최고의 나로

내일 죽어도 후회 없는

가슴 뛰고 황홀한 인생을 살고 싶다.

모두가 진짜 나로

즐겁고 재미있는

인생을 살아가길 진심으로

원하고 응원한다.

나연구소 질문

당신의 명언은 무엇인가요?

진짜 나로 살고 있나요?

하고 싶은 일을 하며 살고 있나요?

최고의 나로 살고 있나요?

내일 죽어도 후회 없는
인생을 살고 있나요?

내 삶의 주인으로 살고 있나요?

나를 사랑하나요?

생각을 적어보세요